# 吉林省科技金融发展理论与实践研究

主　编　孙杰光
副主编　任春玲　王文昭

中国财富出版社

**图书在版编目（CIP）数据**

吉林省科技金融发展理论与实践研究 / 孙杰光主编. —北京：中国财富出版社，2018.1

ISBN 978 - 7 - 5047 - 5066 - 2

Ⅰ. ①吉…　Ⅱ. ①孙…　Ⅲ. ①科学技术—金融—吉林—文集　Ⅳ. ①F832.734 - 53

中国版本图书馆 CIP 数据核字（2018）第 015931 号

| | | | | | |
|---|---|---|---|---|---|
| **策划编辑** | 俞　然 | **责任编辑** | 张冬梅　俞　然 | | |
| **责任印制** | 梁　凡 | **责任校对** | 杨小静 | **责任发行** | 董　倩 |

---

| | | | |
|---|---|---|---|
| **出版发行** | 中国财富出版社 | | |
| **社　　址** | 北京市丰台区南四环西路 188 号 5 区 20 楼 | **邮政编码** | 100070 |
| **电　　话** | 010 - 52227588 转 2048/2028（发行部） | | 010 - 52227588 转 307（总编室） |
| | 010 - 68589540（读者服务部） | | 010 - 52227588 转 305（质检部） |
| **网　　址** | http://www.cfpress.com.cn | | |
| **经　　销** | 新华书店 | | |
| **印　　刷** | 北京京都六环印刷厂 | | |
| **书　　号** | ISBN 978 - 7 - 5047 - 5066 - 2 / F · 2858 | | |
| **开　　本** | 710mm × 1000mm　1/16 | **版　　次** | 2018 年 3 月第 1 版 |
| **印　　张** | 10.5 | **印　　次** | 2018 年 3 月第 1 次印刷 |
| **字　　数** | 177 千字 | **定　　价** | 42.00 元 |

---

# 前　言

科技金融是科技与金融深度融合而形成的新范畴，是发挥科技创新作用、促进经济发展的良好契合点和动力引擎。自 2006 年《国家中长期科学和技术发展规划纲要（2006—2020）》出台后，为科技金融发展提供了政策依据；2011 年科技部在全国设立 16 个科技金融试点地区，科技金融这一概念广为人知。《十三五规划纲要》中再次提出“要以实施创新驱动发展为战略目标，要求发挥科技创新的引领作用，增强自主创新能力，为经济社会的发展提供持续恒久的动力”。

科技金融作为科技和金融创新的有机结合体，推动了科技、金融和产业的融合发展，是加快科技成果转化、培育发展战略性新兴产业、支撑和引领经济发展方式转变的重要手段。科技金融能够促使金融资本参与创新活动，分散科技创新的风险，分享科技创新的收益，在使科技创新更快、更大地财富化的同时，为金融资本带来更为丰厚的回报。吉林省很早就注意到了利用金融手段推进科技发展：1999 年出台的《吉林省促进科技成果转化条例》规定，有条件的组织可以依法建立科技成果产业化风险投资公司，支持高收入、高风险、高产出的科技成果转化。这是吉林省科技金融发展机制化的开端；2011 年，吉林省科技厅又把继续深化与金融部门的合作，筹建省高新技术创业投资基金作为年度工作重点。特别是近年来随着国家科技兴国战略的实施，吉林省的科技金融得到了较大的发展。但总体来说，吉林省尚处于科技金融发展的起步阶段，2009—2014 年，衡量科技活动投入和产出水平的诸多指标均位于全国中下游，科技金融发展存在投入、激励机制不足，融资渠道过于单一，缺乏完善的科技金融支撑体系等一系列问题。在当前经济下行压力增大的情况下，吉林省的科技金融发展面临诸多困难。因此，为了加速科技金融发展，吉林省需要借鉴国内外先进经验，创新科技投入方式，综合利用政府财政经费以及银行、证券、保险、创业投资等各种融资渠道，加强对科技型中小企业的融资支持。

另外，吉林省科技金融机构创新刚刚开始，商业银行科技支行、科技小额贷款公司、创业投资引导基金、科技金融中介机构等新机构逐步建立。然而，相对于数量众多的科技型中小企业与科研成果转化需求，新的科技金融机构所能提供的融资支持仍是杯水车薪。所以，吉林省不仅需要加大科技金融机构建设力度，形成深度融合的科技金融体系，创新科技金融产品与服务体系，还要采取建立有效的科技金融发展激励机制、深化金融市场改革、健全公共服务平台等措施，促进吉林省科技金融健康可持续发展，与此同时，也要时刻注意防范和化解科技金融风险。

本书的编写得到了吉林省科技厅的大力支持，是在吉林省科技金融中心2016年度系列课题研究的基础上完成的。长春金融高等专科学校课题组成员耿传辉、吕鹰飞、任春玲、施晓春、隋菱歌、王文昭投入了很多精力，付出了很多辛苦，衷心地感谢各位！另外，我们在编写过程中，参考引用了学界同人、前辈的学术观点和有关资料，在此表示感谢！同时，对中国财富出版社各位领导的支持和帮助、编辑同志细致认真的编审工作表示感谢！由于编者水平有限，书中尚有不足之处，敬请读者批评指正。

编　者

2017年4月

# 目　录

# 第一章　科技金融发展的相关理论

科技金融一直是国内经济理论界研究的一个重要领域。我国在“十三五”规划纲要中提出了要以实施创新驱动发展为战略目标，要求发挥科技创新的引领作用，增强自主创新能力，为经济社会的发展提供持续恒久的动力。科技金融是科技与金融深度融合而形成的新范畴，是发挥科技创新作用、促进经济发展的良好契合点和动力引擎，因此无论是回溯历史还是展望未来，研究科技金融的理论都有着重要的意义。

## 第一节　科技金融的内涵与意义

### 一、科技金融的内涵

“科技金融”一词首次出现可以追溯到1993年，实际上是由我国学者提出的，国外并没有对科技金融的明确具体的定义。科技金融实际上是由我国的经济体制、金融和科技的运行机制及创新机制相互作用而产生的一个新的领域，因此科技金融可以说是非常具有中国特色的。

而在我国，虽然“科技金融”一词在经济发展的实践中被广泛和频繁地应用，但是长期以来在理论上对于“科技金融”的概念仍然没有形成统一的定义。根据以往的文献研究成果，国内学者对科技金融内涵的定义大致可以分为以下几种。

四川大学的赵昌文教授在2009年出版的《科技金融》一书中明确地定义了“科技金融”这一词，这一定义被誉为是国内第一次对科技金融进行的完整定义，也是国内现阶段大多数学者认同的关于科技金融概念的阐述。赵昌文提出“科技金融是促进科技开发、成果转化和高新技术产业发展的一系列金融工具、金融制度、金融政策与金融服务的系统性、创新性安排，是由向科学与技术创新活动提供金融资源的政府、企业、市场、社会中介机构等各种主体及其在科技创新融资过程中的行为活动共同组成的一个体系，是国家科技创新体系和金融体系的重要组成部分”①。

赵昌文教授还对科技金融的概念进行了阐述，提出科技金融实际上是一个跨学科的概念，是科技与金融相结合的产物，并提出了科技金融的“5I”规律，也就是创新（innovation）、投入（input）、一体化（integration）、制度化（institutionalization）、国际化（internationalization）。

钱志新在其2010年出版的《产业金融》一书中将科技金融定义为“科技企业在整个生命周期中的融资过程，该过程包括融资工具、融资制度、融资政策以及融资服务，融资活动的参与者包括政府、企业、市场、社会中介机构以及其他社会团体”②。

房汉廷将科技金融定义为科技和金融的外生变量，虽然有其价值性，但并没有揭露出本质层面的科技金融。因此，他将科技金融概括为四个方面的内容：科技金融是一种创新活动，是知识产权转变为商业化的融资行为的总和；科技金融是一种技术，即经济范式，即技术革命是新经济模式的引擎，金融是新经济模式的燃料，二者合起来就是新经济模式的动力之所在；科技金融是将一种科学技术资本化运作的过程，即科学技术被金融资本孵化为一种财富创造工具的过程；科技金融是一种金融资本有机构成提高的过程，即同质化的金融资本通过科学技术异质化的配置，是一种将无形资产有形化并通过其获取高附加回报的过程③。

洪银兴认为，科技金融有特定的领域和功能，是金融资本以科技创新尤其是以创新成果孵化为新技术并创新科技企业和推进高新技术产业化为内容的金融活动。科技金融有其特殊性，在金融体系内有其独特的领域和功能，是金融资本以创新科技的手段，特别是以创新发明、科技成果为代表的新技术推动高新科技产业化发展与科技类企业再创新的一种金融制度。

---

① 赵昌文. 科技金融 [M]. 北京：科学出版社，2009.

② 钱志新. 产业金融 [M]. 南京：江苏人民出版社，2010.

③ 房汉廷. 关于科技金融理论、实践与政策的思考 [J]. 中国科技论坛，2010 (11).

胡苏迪、蒋伏心将企业生命周期的理论引入科技金融的概念中，认为“科技金融贯穿科技创业企业与高新技术产业发展的各个生命周期，科技金融的本质实际上是金融的创新与科技的创新的高度结合，因此科技金融的发展需要金融发展和科技发展，科技金融是为科技企业提供各项投融资服务的金融机构、金融工具和金融政策的组合”①。

李心丹、束兰根在《科技金融——理论与实践》（2013）一书中从资源整合的视角，并结合了科技金融的实践研究，对科技金融重新进行了定义，将科技金融作为一种金融业态来研究。他们认为“科技金融是金融资源供给者依托政府科技与金融结合的创新平台，通过对创投、保险、证券、担保及其他金融机构等金融资源进行全方位的整合创新，为科技型企业在整个生命周期中提供创新性、高效性、系统性的金融资源配置性优化，进而保障企业技术革新有效提升并推动整个高新技术产业链加速发展的一种金融业态”②。这一定义充分强调了金融资源供给者的重要作用，也就是资本的力量，也强调了科技金融对于科技企业能否快速发展起到的关键促进作用。

汪泉、史先诚认为，“科技金融是以促进科技创新活动为目的，以组织运用金融资本和社会资本投入科技型企业为核心，以定向性、融资性、市场性和商业可持续性为特点的金融活动的总称”③。

中国科学技术发展战略研究院的王元在2014年中国科技金融年会上提出，科技金融应该作为现有金融体系内的一个重要组成部分，它把金融资源和创新要素更好地结合在了一起，科技金融是一种制度也是一种政策。

四川大学的毛道维也在2014年中国科技金融年会上提出了自己对科技金融的理解。他认为科技金融主要包括以下三个方面：制度性金融、商业化金融以及制度性金融和商业化金融相结合。

从以上观点我们不难看出，虽然不同的学者对于科技金融的研究侧重点不尽相同，有以科技创新为侧重点进行研究的，也有以金融创新为侧重点进

---

① 胡苏迪，蒋伏心．科技金融理论研究的进展及其政策含义［J］．科技与经济，2012（6）．

② 李心丹，束兰根．科技金融——理论与实践［M］．南京：南京大学出版社，2013.

③ 汪泉，史先诚．科技金融的定义、内涵与实践浅析［J］．上海金融，2013（9）．

行研究的，但是不可否认的是，从科技与金融两者关系的角度出发，研究学者们的看法大多是一致的，绝大多数人都认为科技与金融两者之间是相辅相成的，金融产业可以为科技产业提供有力的支撑，科技产业又能带动金融产业的升级，两者的有机结合形成了科技金融的内涵。科技金融并不是简单的“科技 + 金融”，即 1 + 1 = 2 的模式，而是两个不同领域相互融合、相互依赖、共同发展的一种新型创新模式。科技金融的重点在于科技创新与金融资本的有机结合，科技创新与金融资本同等重要，缺一不可，单纯地将科技金融定义为金融资本促进科技成果转化，或是将科技对金融的促进作用定义为金融科技都是不全面的。科技金融在本质上是科技创新与金融发展的相互交流、相互发展的过程，两者的高度耦合助推了科技得以不断地创新与进步，同时也促进了金融的创新与发展。而无论是哪种定义，毋庸置疑的是，科技金融在现代经济发展中发挥着重要的作用，是经济增长的动力所在。

## 二、我国科技金融的发展

科技金融实际上是在我国从计划经济体制向社会主义市场经济体制转化的过程中，伴随着我国金融体制改革和科技创新发展而逐渐产生的。从 1978 年改革开放的政策落实以来，我国的经济一直保持着较快的增长速度，但是增长的动力主要来源于国内劳动力和资源的低成本。这种以依靠大量投入生产要素、增加劳动力为基础的粗放型经济增长方式虽然使中国经济有了快速的增长，但是因为消耗过高，经济效益难以得到大幅度提升，因此最终会制约我国经济的发展。为了突破这种经济瓶颈，我国在 2006 年提出要在 2020 年完成“建成创新型国家”的战略目标，使科学技术的发展成为经济社会发展的强力引擎，加强对科技研发的金融支持，使我国经济由粗放型增长方式向密集型增长方式转变。自主创新的战略被纳入国家战略之后，关于科技金融领域的研究文献出现了较大幅度的增长，“科技金融”一词也在各种论文、公文、报告中开始被广泛和频繁地使用。

### 1. 计划经济改革中的科技与金融（1978—1991 年）

1978 年召开的党的十一届三中全会开启了改革开放的历史新时期。这次会议，无论是在党的历史上，还是在新中国经济建设的重点转移上，都具有极其深远的意义。同年的全国科学技术大会上，邓小平引用了马克思的“科学技术是生产力”，并在 1988 年提出“科学技术是第一生产力”。

在改革开放之前，从新中国成立初期的科学为工农业和国防建设服务至五六十年代“向科学进军”以及后来的“以任务带学科”，都是以规划科学为特点的科技政策体系，符合计划经济的特点。随后的十年国民经济严重受挫，曾经被证明起到过积极作用的《工业七十条》《科研十四条》等条例全部被冠上“黑条例”的名头，科技发展体系遭到严重破坏。

改革开放初期，经过拨乱反正，我国再次肯定了科学技术是生产力，确定了知识分子是工人阶级的一部分，奠定了解放生产力的基础，对日后的科技发展起到了积极的作用。科技方面，先是恢复了国家科学技术委员会，统一领导全国科研工作，随后陆续颁布了一系列条例、意见、规划，使科技发展逐渐又走向了正轨；金融方面，着手搭建新金融体系，分步开放活跃金融市场，建立宏观金融调控体系。随着改革进程的加深，我国逐渐形成了以中国人民银行作为中央银行，四大国有银行（工、农、中、建）为主体，其他银行和金融机构并存和分工合作的多功能、多层次的具有中国特色社会主义的金融机构体系。与此同时，中国的金融市场也得到了初步的发展。

1985 年，《中共中央关于科学技术体制改革的决定》开启了我国科技金融领域的投融资改革的篇章。接下来，专门提供了财政贴息贷款，各金融部门也在开展科学技术信贷业务方面进行了多种形式的摸索，取得了一定成绩。

**2. 经济体制改革中的科技与金融（1992—2005 年）**

1992 年在邓小平同志南方谈话以后，共产党第十四次代表大会确定把建立社会主义市场经济作为中国经济体制的改革目标。1993 年 12 月，国务院发布了《关于金融体制改革的决定》，再次启动了新一轮的金融体制改革。这次改革的内容包含中国人民银行作为中央银行在职能方面的变化、国家专业银行向国有商业银行转变、组建各城乡合作银行、组建几大政策性银行、货币政策体系（包括利率体系）的改革、外汇体制改革等。

随着经济体制改革的不断迈进，科技金融创新在市场经济中也得到了高速发展，1993 年，党的十四届三中全会通过了《中共中央关于建立社会主义市场经济体制若干问题的决定》。这个决定在历史上十分重要。它是社会主义市场经济体制在中国确立的标志，改革的天花板被打破，开始了全面改革，“国有企业改革”“分税制度改革”“房地产市场改革”“股权分置改革”等一系列改革接踵而至，由此，科技金融慢慢从体制中得以解脱，真正开始了新的发展历程。

1999年，《中共中央、国务院关于加强技术创新、发展高科技、实现产业化的决定》推动了创业投融资机制的形成，培育了科技金融创新发展的资本市场，科技与金融的有机结合初露端倪，也直接促进了我国高新技术产业的发展，高新技术成果转化的效率也逐年提高。

**3. 新世纪以来科技金融进一步融合（2006年至今）**

我国在2006年颁布施行的《国家中长期科学和技术发展规划纲要（2006—2020年）》中提出，计划到2020年，中国进入创新型国家行列。中央政府在财政、税收、金融、科技政策等方面为科技金融的发展给予了高度关注和大力支持，全国各地的科技金融中心如雨后春笋般出现，科技与金融不断融合，得到了快速发展，理论成果不断涌现，实践也进一步创新。

进入21世纪以来，新科技革命迅猛发展，一切都孕育着新的突破，社会和经济的面貌发生了极大改变。当前，以移动互联网、人工智能等为代表的科技发展让越来越多的人切身感受到了变化，然而这一切都离不开金融的支持，科技金融在今天格外重要。

2012年，中国第一家真正意义上的科技银行开业。浦发硅谷银行——这家号称中国版硅谷银行的科技银行开门迎客，意味着科技公司获得银行支持不再是问题。随后，四大行及部分城市商业银行均设立了各自独立的科技银行部门，为高科技企业服务，这无疑是科技金融创新的一次重要实践活动。

## 三、研究科技金融的意义

研究科技金融对我国经济社会的发展有着至关重要的作用，具有创新性的实践意义。

**1. 科技金融促进科技与金融相互融合**

金融是一个国家经济的核心，而科技也被称为是“第一生产力”，两者被比作是现代经济增长的“双引擎”，在经济社会发展中的重要性是毋庸置疑的。研究科技金融实际上是研究科技和金融的结合模式或者是融合机制，在厘清科技和金融两者之间关系的基础上，促进科技和金融相互融合，寻找两者有机结合的最佳方式，根本目的是推动高科技产业的发展乃至整个经济的发展。

为了尽快将我国转变成创新型国家，我国出台了一系列的政策措施，制定这些科技金融政策的核心目标就是促进科技和金融的有机结合，而这种有机结合的最终表现形式就是金融机构与科技企业的高度融合。纵观世界经济发展的历史进程，我们不难发现，每一次科技的革新都推动了金融行业飞速发展，而每一次技术的跨越式发展也都离不开金融的支持。美国的硅谷被誉为高科技创新企业的摇篮，这里诞生了许多国际知名的高科技企业。硅谷的成功不仅仅在于技术的领先，还在于金融体系的强有力支撑，特别是这里聚集了众多风险投资公司以及与美国著名的纳斯达克市场的紧密联系。除此之外，如德国、日本、芬兰、韩国等创新型国家无一例外都非常重视金融对科技创新的支持，对于研发的投入都占到了 GDP（Gross Domestic Product，国内生产总值）的 2% 以上。而我国在“十三五”规划纲要中提出要在未来五年加强对科技创新研发的投入，到 2020 年将研发的投入增加到 GDP 的 2.5%。这正是科技金融发展的有力政策支撑，也是实现我国由经济大国转变为经济强国的必然选择。

**2. 科技金融推动金融体系的完善和革新**

研究科技金融的理论可以推动科技金融实践的发展，而促进金融体系的完善和革新主要体现在以下三个方面：首先，是金融产品的革新。为了推进科技金融在我国的发展，国家相继出台了《国家中长期科学和技术发展规划纲要（2006—2020 年）》《国家创新驱动发展战略纲要》《国家科技成果转化引导基金贷款风险补偿管理暂行办法》等一系列扶持高新技术产业的政策，激励高新技术企业技术创新，鼓励金融机构积极支持中小企业技术创新，发挥金融机构在支持科技企业成长上的作用。而后，北京、上海、福建、广东等地相继出台了相应的指导意见，并与金融机构携手，组建科技银行，推出信贷产品或信贷服务，如科技贷款、科技担保、知识产权质押、科技保险、高科技债券等。不断创新的科技金融产品推进了科技与资本的对接，促进了金融体系对于金融产品的不断研发和完善，实现了金融机构的自我增值和可持续发展。其次，科技的创新也降低了金融机构的运营成本。科技的进步可以有效降低金融机构的信息成本，提高金融机构的工作效率。效率的提高意味着成本的降低，这在经济学上实际上也是一种创收。降低金融机构或金融部门的信息成本和决策成本，对于金融机构或金融部门提高工作效率、经营效率都有着重要的意义。最后，科技的创新也引发了金融机构的变革，催化金融机构开拓新的金融服务领域，使传统的金融机构开始向“虚拟化”“无形化”发展。

**3. 完善科技金融理论，使理论指导实践**

从1993年“科技金融”一词第一次出现在文献中，到今天科技金融成为经济理论研究中一个重要领域已有20余年历史，但是国内学者开展对科技金融的系统性理论研究仅仅只有大约10年的时间。近年来，随着国家政策的转变、创新型国家战略的提出，学术界对于科技金融的研究热情也不断升温，特别是从2006年开始，以科技金融为关键词的研究文献呈现出大幅度的增长态势①。分析这种增长现象背后的原因，我们可以归纳出以下三点：①经济发展的现实需求。现代经济的发展依靠技术的革新，而技术的革新大多来自高新技术产业。科技金融理论的丰富和完善是科技创新的有力支撑，因此对于科技金融理论的研究刻不容缓。②国家宏观政策的引导和推动。《国家中长期科学和技术发展规划纲要（2006—2020年）》《金融业发展和改革“十二五”规划》等政策中都明确提出要加快金融业的改革、促进科技创新、转变我国的经济增长方式。而科技金融理论的发展和完善正是加快金融业改革、促进科技创新、转变我国经济增长方式的强有力的助推器，也是同时实现三个目标的良好契合点，抓牢理论的把手才能推动实践的发展。③国外先进实践经验的引领。以美国、德国、日本为代表的创新型国家在科技金融的实践方面，特别是在政府引导、风险投资市场、高科技资本市场等方面都已经积累了丰富的经验，相关的理论研究也日臻成熟，国外成功的经验也促使我国开始重视科技金融这一新领域。

研究科技金融的相关理论实际上是为了更好地指导实践。只有对现有的理论和实践进行梳理和整合，通过不断地完善和创新才能使科技金融的理论日臻成熟，也只有系统、成熟、完善的理论才能指引出一条科学的实践道路。科技金融是金融学、产业经济学、技术经济学等学科的交叉学科，是一个跨学科、跨专业的领域，因此科技金融的理论研究也有着多元化的研究方向。

---

① 唐震，李芳．我国科技金融研究现状的文献计量分析［J］．科技金融，2014（2），81－85.

不同学者多元化的研究思路也有助于丰富科技金融的理论体系，而丰富的理论体系有助于我国科技金融的创新实践。虽然我国的科技金融一直是实践走在理论之前，但是完善系统的理论研究最终也会反作用于实践，促进实践向着科学、持续的道路发展。

## 第二节　科技金融的相关理论综述

### 一、国外关于科技金融的研究

为了更好地研究国外关于科技金融的相关理论，我们检索了 scitech finance、technology finance、science finance、science technology finance 等有关科技金融的可能存在的不同表达的词汇，但是实际上国外并没有关于上述这些词条的相关解释。也就是说，在国外，对“科技金融”这一词并没有一个具体的定义，在理论研究上也没有将科技金融纳入一个独立完整的范畴进行研究。但是，从关于科技与金融的关系、风险投资、R&D（Research and Development，研究与开发）的研究等方面可以看出，国外关于科技金融的研究与中国在内涵上是大体一致的。

**1. 约瑟夫·熊彼特（Joseph A. Schumpeter）的创新理论①（Creative Destruction）**

奥地利经济学家约瑟夫·熊彼特在 1912 年出版的《经济发展理论》中首次提出了“创新理论”，随后在 1939 年和 1942 年分别出版的《经济周期》《资本主义、社会主义和民主主义》两本专著中对创新理论进行了补充和完善，形成了与传统经济理论不同的、以其创新理论为基础的创新经济学理论和经济周期理论体系。随着第三次科技革命的爆发，传统的经济理论已不能适应新的经济现象，因此熊彼特的创新经济学理论得到了认可和发展。

“创新理论”又被称为“创造性破坏”。它的理论起源可以追溯到德国社会学家维尔纳·桑巴特所著的《战争与资本主义》。企业家的创新是经济增长的动力，而创新能够从内部不停地革新经济结构，即不断地破坏旧有的秩序

---

① 约瑟夫·熊彼特．经济发展理论［M］．北京：商务印书馆，1990：80－82.

和结构，同时再不断地创造出新的结构，这一过程被称为“创造性破坏”。通过创新，企业家不断创造性地打破旧的市场均衡，而经济增长就是以这种“创造性破坏”为特征的动态竞争的过程。企业家是推动经济增长的长期动力，许多创新都引发了“创造性破坏”：新市场、新机遇、新的产品或设备、新的财政资源形式等。熊彼特将创新分为五种类型：①新产品的制造；②新的生产方法的运用；③新市场的开辟；④新原料的使用；⑤新的工作组织形态的建立。

后来有学者将这五种类型归纳总结为 5 个创新，即产品创新、技术创新、市场创新、资源配置创新以及组织创新。技术的进步意味着发现新的工具或者新的方法，而创新则是将这些发明应用到经济生活中。因此，技术进步在经济发展中占据着核心地位。集群的技术进步将带来颠覆性的创新，蒸汽机、集成电路、IT（Information Technology，信息技术）、互联网、纳米技术等发明创造和技术的革新都使经济有了跨越式的发展。而创新之后，经济就会进入一个新的周期——经济增长阶段。

**2. 罗伯特·索洛（Robert Solow）的外生经济增长模型**

索洛模型①，又称为索洛-斯旺模型，是新古典经济学框架中一个重要的经济增长模型，它是由罗伯特·索洛和特雷弗·斯旺（Trevor Swan）在 1956 年提出来的，主要用于解释固定资本增加对 GDP 产生的影响。两人分别在《对经济增长理论的一个贡献》和《经济增长和资本累积》中提出了外生经济增长理论，也奠定了新古典经济增长理论的基础。

模型假设：

①该模型假设储蓄全部转化为投资；

②该模型假设投资的边际效益率是递减的，即投资的规模效益是常数；

③该模型修正了哈罗德-多马模型的生产技术假设，从而解决了经济增长率与人口增长率不能自发相等的问题。

模型变量：

①外生变量：人口增长率、技术进步率；

---

① SOLOW. A contribution to the theory of economic growth [J]. The Quarterly Journal of Economics, 1956, 70 (1): 65-94.

②内生变量：产出增长率、资本增长率。

模型的数学表达：

$$Y=A\times F\ (K,\ L)\ =K^{\alpha}\times\ (E\times L)^{1-\alpha}$$

人均生产函数的推导：

$$\frac{Y}{L\times E}=\left(\frac{K}{L\times E}\right)^{\alpha}\Leftrightarrow y=k^{\alpha}=f\ (k)$$

在稳态下，人均投资（由储蓄转化而来）等于投资的折旧和深化：

$$s\times f(k)\ =\ (\delta+n+g)\times k\Leftrightarrow s\times f(k)-(\delta+n+g)\ \times k=0$$

其中，$K$ 代表资本，$L$ 代表劳动，$A$ 代表技术发展水平，$I$ 代表投资，$S$ 代表储蓄，$k$ 代表有效劳动投入之上的资本密度，$s$ 代表边际储蓄率，$n$ 是人口增长率，$g$ 是科学进步率，$\delta$ 代表资本折旧率，$y$ 代表有效劳动投入之上的人均产出。

模型结论：

经济增长的路径是稳定的。在长期，只有技术进步是经济增长的来源。

索洛模型认为，GDP 的变化是随着人口增长率、资本折旧率和储蓄率的变化而变化的，而技术的进步会在长期带来经济的增长。虽然索洛模型阐释了技术进步在经济增长中起着决定性的作用，但是它将技术进步作为一种外生性的因素来考虑，极大地限制了技术在该模型中的意义。

**3. 保罗·罗默（Paul Romer）的内生经济增长理论**

内生经济增长理论又被称为新增长理论。它的产生是为了从微观经济学的角度阐释经济增长的决策和过程。在新增长理论产生之前，经济增长理论分为两大派别：以大卫·李嘉图（David Ricardo）为首的古典增长理论，认为经济的发展最终将处于停滞状态；凯恩斯学派和新古典增长理论，认为长期的经济发展来自技术的进步，但是技术的进步是经济增长的外部力量。而新增长理论主要就是针对新古典增长理论特别是索洛模型中把科技进步作为外生变量这一结论而产生的。最早对内生经济增长理论展开研究的是保罗·罗默，他在其 1986 年发表的 *Increasing Returns and Long Run Growth*（《收益增长和长期增长》）中提出，人力资本、创新和知识是经济增长的主要贡献者，这也是第一次将科技进步作为内生变量来解释经济长期的增长。随后，罗伯特·卢卡斯（Robert Lucas）、塞吉奥·雷贝罗（Sergio Reberllo）等也对这一理论进行了进一步阐释，并逐步掀起了一股研究“新增长理论”的热潮，最终形成了内生经济增长理论。

在内生经济增长理论中，影响经济增长的因素有四个：产出、创新或技术进步、人力资本以及政府政策。如果产出是恒定的，那么投资会促进收益同时推动资本的增长；技术进步被重新定义为经济增长的核心动力，它不再是外生的，而是内生的；人力资本指的是人口的增长、劳动力的健康以及教育；国家政策可以提高生产力的效率，例如鼓励研究和开发、刺激投资等。在科技进步内生化的条件下，科技与经济发展紧密地联系起来：储蓄可转化为投资的比率和科技创新效率之间呈正相关，因此，科技创新的程度越高，金融发达程度越高；金融发达程度越高，科技创新的程度也会越高。这也为科技与金融结合的发展奠定了坚实的理论基础。

内生经济增长理论的核心是将技术进步作为内生变量。该模型假设经济增长的根本动力来自技术水平的变化，而技术的进步则取决于知识的进步。因此一个国家是否具有综合实力、是否具有国际影响力主要取决于该国能否在技术上保持优势。

**4. R&D 技术创新理论**

格罗斯曼（G. M. Grossman）和赫尔普曼（E. Helpman）在 1991 年出版的 *Innovation and Growth in the Global Economy*（《全球经济中的创新与增长》①）中提出了横向产品创新这一概念。横向产品创新是指新产品种类的增加，而这类的创新主要是由有前瞻性的企业家有意识地增加产品研发的投资而产生的。产品创新的贡献是为企业家获得了 R&D 前期投入的回报即垄断利润；但是同时，技术的创新者不能独占技术带来的所有收益，因为研发技术成本高，复制技术成本很低，未来的研究者能够用更低的成本进行研发，因此内生技术创新能够持续进行，从而推动生产率和经济的不断增长。

阿吉翁（Aghion）和豪伊特（Howitt）于 1992 年②开创了经济增长的创造性破坏模型，他们引用了熊彼特在 1942 年的创造性破坏理论，即“资本主

---

① 格罗斯曼，赫尔普曼．全球经济中的创新与增长［M］．何帆，等，译．北京：中国人民大学出版社，2003.

② AGHION，HOWITT. A model of growth through creative destruction［J］. Econometric Society，1992，60（2）：323 – 351.

义经济增长的动力来源于新的消费品、新的生产方式、新的市场”，并把这种思想数学化建立起模型：假设有三种可以交换的物品，劳动、消费品和中间产品。劳动也分为三种：非熟练劳动、熟练劳动以及专业化劳动。通过建模和推导提出了纵向产品创新的概念。纵向产品创新是指产品质量的提高，而经济的增长则是由这种纵向的创新也就是产品质量的不断改进而产生的。企业家在研发产品的时候都是为了让新产品拥有更好的品质，而企业的 R&D 投入是为了在行业内保持技术的领先而获取市场。

横向产品创新的概念和创造性破坏理论都认为，创新产品既可以是消费品也可以是中间产品：如果创新的是消费品，那么它将进入市场；而如果创新的是中间产品，那么这种创新将会使生产部门的生产率得到提高，而这种增长的最终表现形式是产品质量的提高。

**5. 金融发展理论（Financial Development Theory）**

金融发展理论最早于 20 世纪 70 年代提出，代表人物是罗纳德·麦金农（Ronald I. McKinnon）和爱德华·肖（Edward. S Shaw）。两人分别在其 1973 年出版的著作《经济发展中的货币与资本》和《经济发展中的金融深化》中提出了“金融抑制”（Financial Repression）和“金融深化”（Financial Deepening）理论，肯定了金融发展在经济增长中起到的作用，奠定了金融发展理论的基础。

“金融抑制”是指，因为发展中国家对利率和汇率有着种种限制和严格管制，导致利率和汇率不能真实地反映出市场中资金和外汇的供求关系，造成了利率和汇率的价格扭曲。在这种金融抑制之下，因为利率不能反映出市场的实际需求，银行也不能够依据市场的风险来决定贷款的利率，导致了资本市场的效率大大降低，限制了投资，最终会抑制经济的增长。

“金融深化”是指政府不再对金融市场进行过度的干预，确定一个合理的利率水平，放松对汇率的管制，让利率和汇率能够真实地反映市场中资金的供求关系以及外汇的供需变化，从而促进储蓄和投资，拉动经济的持续增长。

根据罗纳德·麦金农和爱德华·肖的研究可以得出，金融体系可以通过两个渠道促进经济的发展，即资本的累积和技术的投资。金融促进技术创新的渠道主要是通过投资，为研发新产品的企业提供资金。因为金融发展理论可以：

①动员储蓄。能够真实反映市场资金供求关系的利率和汇率有利于动员储蓄和积累资本，为技术的创新提供融资渠道。麦金农曾提出投资和技术创新不可分割的理论，强调金融在企业技术创新方面起着重要的作用，因此动员储蓄可以促进技术的创新。

②降低信息成本。在“金融抑制”的理论下，利率和汇率发生了价值扭曲，不能反映真实的资金供求关系，因此，投资者难以做出正确的投资判断，信息获取的成本较高。而“金融深化”理论的提出克服了这一缺陷，降低了信息成本，使投资者可以通过市场做出价值判断，提供资金给最具有创新能力的企业。

③金融体系分化创新风险。科技的创新常常伴随着高风险，未来收益不稳定。金融市场可以通过投资组合的方式减小和分化创新所带来的风险，金融的流动性也为投资者变现投资的项目提供了便利的渠道，促进技术的创新发展。

**6. 企业生命周期理论**

金融对企业的支持主要通过融资手段，而融资分为股权融资和债权融资两种形式。企业的成长阶段不同，对资金的需求也不同，特别是科技型中小企业，处于不同的成长阶段，对于股权融资或是债券融资两种融资形式的需求也不相同。基于这个原因，国外的学者提出了企业生命周期理论，对企业融资方式进行了研究。

早在1960年以前，就已经有学者开始研究“生命周期理论”，梅森·海尔瑞（Mason Haire）首先提出将生物学中的“生命周期”运用到企业中，认为企业的发展也符合生物学中的成长曲线，可以分为种子期、创业期、初步发展期、高速发展期和成熟期。这一发现得到了理论界学者的广泛认可，从20世纪60年代开始，学者们开始更系统、深入地研究企业生命周期理论，主要的代表人物是歌德纳（J. W. Gardener）和斯坦梅茨（Steinmetz L. L.）。而“企业生命周期理论”真正的创立者应该是美国当代著名的管理学家伊查克·爱迪思（Ichak Adizes），在其著作《企业生命周期》（*Corporate Lifecycles*）中，爱迪思将企业的生命周期分为10个阶段，即孕育期、婴儿期、学步期、青春期、盛年期前期、盛年期后期、贵族期、官僚初期、官僚期和死亡期，如图1-1所示。

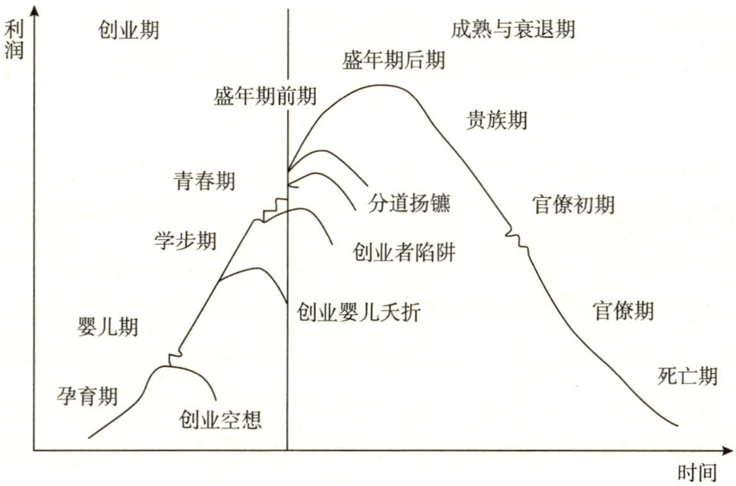


**图1－1　企业生命周期的10个阶段**

在这一时期，国外学者对于企业生命周期理论的研究已经比较深入和完善了，然而上述学者仅仅是通过企业在不同时期表现出的经营特征来划分企业所处的成长阶段，可以说只是统筹性地以阶段划分为目的而进行的企业成长周期研究，既没有针对企业的资金需求进行研究，也没有对不同企业进行分类研究。

1982年，加尔布雷斯（Galbraith）首次提出科技型企业生命周期模型，研究科技型中小企业在其生命周期的不同阶段所面临的不同风险以及不同的资金需求。他将科技型企业的成长周期分为6个阶段，即原始证明阶段（proof-of-principle stage）、原型阶段（prototype stage）、模型工厂阶段（model-shop stage）、启动阶段（start-up stage）、自然成长阶段（natural growth stage）和战略动机阶段（strategic-maneuvering stage）。在整个企业生命周期里，技术创新都是科技型中小企业关注的重点，都需要外部的相关支持，这包括政策支持和资金支持。1998年，伯杰和尤德尔（Berger，Udell）将“信息不对称”理论引入“企业生命周期理论”，使“企业生命周期理论”得到了进一步的深化和完善，伯杰和尤德尔认为科技型中小企业在企业生命周期的初期存在着较大的信息不对称，这类企业大多数都依赖于内源性融资、贸易信贷或者VC（风险投资）融资；而当企业发展到一定规模，企业获取资金的方式也有了改变，逐步由内源性融资向外源性融资转变（包括银行、金融公司的债务融资等间接融资）；最后，随着企业逐步成长，企业也有机会从资本市场获取资金。

2005年，格利高里（Gregory）等运用实证检验的方式对大型企业和中小企业的融资方式进行了分类研究，得出中小企业在其生命成长周期的初期或早期阶段倾向于内源性融资方式，而大型企业在此阶段则更倾向于长期债务融资和股权融资。

**7. 金融体系与技术创新关系的研究**

金和莱文（King R.，Levine）① 为了研究金融体系与技术创新活动之间的关系，创建了一个内生性增长的基础模型，通过该模型，金和莱文揭示出金融体系为技术创新活动提供了四种服务：①评估企业家：金融体系能够遴选出最具有前途的企业家；②筹集资金：金融体系可以为技术创新活动提供所需资金；③分散风险：金融体系的存在可以为投资者分散因技术创新活动带来的不确定风险；④评估预期收益：金融体系可以揭示技术创新的潜在收益。金和莱文指出产出的增加促使企业家从事技术创新活动，而技术创新活动的目的是获得更多的利润。因此，金融和技术创新的结合是促进经济增长的主要原因，一个先进的金融体系可以为技术创新活动提供优质的服务，可以扩大技术创新的范围，提高技术创新的效率，从而促进经济的增长。

基达因（Tadasse）② 还对不同导向型金融体系对于科技创新的促进程度进行了比较分析，得出银行导向型的金融体系和市场导向型的金融体系对于促进技术创新方面的作用是不同的。当金融部门不够发达时，银行导向型的金融体系更有利于促进科技创新活动；而当金融部门足够发达时，市场导向型金融体系更有利于科技创新活动的发展。

## 二、国内关于科技金融的理论

**1. 科技与金融关系研究**

孔祥毅（2002）认为高新技术产业迅猛发展、技术更新速度加快和金融业

---

① KING，LEVINE. Finance and growth：schumpeter might be right［J］. The Quarterly Journal of Economics，1993，108（3）：717 – 737.

② TADASSE. Financial architecture matter for economic growth? A corporate finance perspective［D］. Ohio State University，2000.

渗透到各个层面、对经济的作用日趋明显是现代经济的两大特征①。二者是新经济发展的两大支柱。然而科技和金融并不是互相独立的存在，科技如果没有金融的配合，创新活动很难得到充足的资金支持，创业的风险也无法得到分散，科技转化为生产力的效率也很难得到提高；反之，金融业如果没有技术的支撑，也会影响金融运行的效率，起不到优化资源配置的作用，也无法有效促进经济的发展。因此，金融和科技是密不可分的，两者合力才能促进经济可持续的发展。

田霖（2007）为了反映金融业发展和高科技产业发展的关系，利用公式 $FIR = (S + L) / Y$ 来计算金融业发展对高科技产业的作用。其中，$FIR$ 代表了金融相关比率，也就是金融业发展的水平指标，$S$ 代表存款，$L$ 代表贷款，$Y$ 代表了高科技产业的增加值，也就是高科技产业发展的水平指标。田霖通过对 2002—2005 年我国各省市地区的平均数据进行分析，得出金融相关比率和高科技产业发展水平之间的关系为 $Y = 11.23 + 0.69\ FIR$，也就是说金融业相关比率每增加一个百分点，高科技产业的产值将会增加 0.69 个百分点；高科技产业的产值每增加一个百分点，金融业相关比率也会随之增加。因此，我们可以得出结论：金融业和科技产业之间的关系是正相关的②。两者是互相促进的，金融业的发展可以促进高新技术产业的发展，高新技术产业的发展也同样会推动金融业的不断进步。

克劳斯·诺伊斯和莫里斯·库格勒（Klaus Neusser，Maurice Kugler，1998）建立了一个很有价值的研究模型③，将科技进步和金融发展的关系进行了分析。在该模型中，科技进步这一变量的代表是制造业的增加值，而金融发展的变量则代表金融业的 GDP，通过由这两个变量建立的 VAR 模型对两者的关系进行了分析。明明（2013）以此模型为参考，结合我国的实际情况，对我国金融发展和科技进步关系进行了研究④。

---

① 孔祥毅．百年金融制度变迁与协调［M］．北京：中国社会科学出版社，2002.

② 田霖，金融业的产业结构优化效应［J］．金融理论与实践，2007（1）：21－23.

③ NEUSSER，KUGLER，Manufacturing growth and financial development：evidence from OECD countries［J］．The Review of Economics and Statistics，1998（4）：638－646.

④ 明明．关于科技金融的理论和实证研究［J］．金融理论与实践，2013（8）：50－55.

通过模型比较研究，明明指出金融发展对科技进步的促进作用是明显的。但是不同类型的金融机构对科技进步的作用大小是不同的：

①证券公司、信托公司和私募风投对科技进步没有明显的促进作用；

②商业银行和基金公司对科技进步的推动作用为负；

③保险公司对科技进步的促进作用显著。

除此之外，巴曙松①、胡志强②、孟宪昌③、陈柳钦④等人也都对科技产业发展和金融业的关系进行了研究，而大多数学者对金融支持高新技术产业发展的促进作用都已经基本达成共识。金融业可以通过对高科技产业的推动，带动其他产业发展；科技进步可以通过金融业的投资引导和风险分散作用，促进产业结构升级，推动经济增长。金融与科技之间具有高度显著的相关关系，这符合经济理论，也符合我国现有经济发展的国情。

**2. 科技型企业融资方式研究**

金融业的发展对科技产业具有促进作用，科技型企业的健康成长也依赖于金融资源的合理配置。而在不同发展阶段的企业对于资金的需求是不同的，因此，我们有必要研究在不同成长阶段的科技型企业的融资方式和融资需求。国内很多学者就这一问题展开了研究，通过从金融资源的合理匹配角度入手，对高新技术企业在不同的企业生命周期中面临的不同资金需求进行了比较和分析。徐岚（2000）⑤ 提出，高科技企业对资本的需求贯穿于企业的整个生命周期，但是处于不同成长阶段的企业对于金融投资方式的选择不同。高科技企业的发展需要融资，而融资包括股权融资和债权融资。科技产业化是科技转变为生产力的过程，而这个过程能否成功，关键在于是否有合理的金融资源配置。处于不同成长阶段的科技企业面临的风险和融资需求是不同的，

---

① 巴曙松．中国高新技术产业发展中的金融支持［J］．城市金融论坛，2000（1）：15－21.

② 胡志强．高新技术经济发展与金融支持［J］．科技进步与对策，2003（11）．

③ 孟宪昌．风险投资与高技术企业成长［M］．成都：西南财经大学出版社，2003.

④ 陈柳钦．高新技术产业发展的金融支持研究［J］．当代经济管理，2008（5）：59－65.

⑤ 徐岚．高科技企业生命周期与金融资源的配置［J］．世界经济，2000（6）：31－36.

详情见表1－1。

**表1－1　　不同成长阶段的科技型企业面临的风险和资金需求**

| 成长阶段 | 风险 | 资金需求 |
|---|---|---|
| 种子期 | 技术失败的风险 | 大多使用自有资金，对投资的需求较小 |
| 创业期 | 较大市场风险（人员、设备、推销等费用昂贵） | 金融需求显著增加 |
| 成长期 | 财务风险加大，投资回报不确定 | 金融需求最高的阶段 |
| 成熟期 | 风险较小 | 资金需求趋于缓和 |

资料来源：徐岚．高科技企业生命周期与金融资源的配置［J］．世界经济，2000（6）：31－36.

通过数据分析，徐岚得出结论，在企业发展的种子期，股权投资相对较少，而到了创业期和成长期，股权投资开始增多。一般来说，只有高科技产业具有了一定的资产，外部金融机构才愿意为企业提供融资，也就是说要经过早期的发展阶段，企业才能获得债权融资。但是，大多数科技企业在创业初期，内部主要投资人都会进行财产担保，因此高科技企业在种子期也可以获得相当的债券融资。

于团叶、陈翩翩、宋小满（2012）① 分析了企业在不同生命周期状态下股权属性、股权集中度和股权制衡度等因素与企业经济价值的关系，得出成长期高股权集中度、成熟期较高的股权集中度对企业的绩效提高有积极作用的结论。张诚等（2015）通过建模分析得出，对于科技型中小企业来说，大部分成长阶段都以风险投资为最佳选择，而只有在企业创业初期也就是种子期，创业投资基金是最好的选择②。高松、王娜等也针对科技型企业在生命周期的不同阶段面临的融资需求及融资策略选择进行了详细阐述和总结。此外，考虑到科技型中小企业同时具备不同中小企业的一般性特点，如中小企业群

① 于团叶，陈翩翩，宋小满．基于生命周期的中小企业股权结构对绩效的影响［J］．同济大学学报，2012（6）．

② 张诚，王欢明，柯昌华．科技型中小企业金融资源的配对优化研究——基于企业生命周期理论视角［J］．技术经济与管理研究，2015（6）：34－38.

体性信用的短缺、资金的过度需求、交易成本高、抵质押物不充足等，国内中小企业现阶段存在着刚性的金融缺口。作为正式金融活动的重要补充，民间借贷等非正式活动自身风险控制能力较小，存在较大的安全隐患，如果政府对非正式金融活动进行强制性整顿，必将造成金融活动中的“灰色地带”，政府要引导非正式金融活动健康有序地发展，有效控制其风险并在最大限度内密闭中小企业的融资缺口，需将非正式金融活动看作与正式金融并存的必要的融资方式。

**3. 科技与金融结合模式研究**

陈涤非（2002）① 认为，科技为金融的发展提供了技术支持，金融为科技的发展提供了资金支持，科技和金融的良性互动实现了两者的共同发展。通过对两者关系的总结，陈涤非提出促进科技与金融的结合，需要充分运用科技成果，推动金融业实现现代化；要大力发展风险投资，增加科技创新的投入；引导政策性和商业性贷款，促进科技创新企业的发展。

宋彧、莫宏宇在其《科技与金融结合模式比较研究》（2005）② 一文中提出了从宏观经济学的角度分析科技与金融结合的运作模式。根据金融体系的类型以及科技管理体制的类型，宋彧、莫宏宇将科技金融结合机制分成了6种模型：基于法律的金融体系与多元分散型关机管理体制并存（Ⅰ型模型）、基于法律的金融体系与集中协调型管理体制并存（Ⅱ型模型）、基于法律的金融体系与高度集中型科技体制并存（Ⅲ型模型）、基于关系的金融体系与多元分散型关机管理体制并存（Ⅳ型模型）、基于关系的金融体系与高度集中型科技体制并存（Ⅴ型模型）和基于关系的金融体系与多元分散型关机管理体制并存（Ⅵ型模型）。

Ⅰ型模型、Ⅴ型模型、Ⅵ型模型是比较典型的类型，具有高度代表性，因此宋彧和莫宏宇着重将这3个类型进行了比较分析（见表1-2）。其中，Ⅰ型的代表国家是美国和英国，Ⅴ型的代表国家是日本和德国，Ⅵ型的代表国家是中国等发展中国家。

---

① 陈涤非．金融与科技：在互动中共同发展［J］．现代经济探讨，2002（6）：45-47.

② 宋彧，莫宏宇．科技与金融模式的比较研究［J］．商业研究，2005（22）：59-62.

表 1-2 科技与金融结合模式比较分析

| 差异项 | 模型类型 | | |
|---|---|---|---|
| | Ⅰ型模型 | Ⅴ型模型 | Ⅵ型模型 |
| R&D 经费来源及分配 | ①R&D 经费主要来源于企业<br>②市场机制作用较强<br>③R&D 经费主要用于产业领域 | 同Ⅰ型 | ①R&D 经费主要来源于政府<br>②市场机制作用较弱<br>③R&D 经费流向较为分散 |
| 银行参与形式 | 银行以政府担保的形式参与科技活动 | 银行直接参与科技活动 | 同Ⅴ型 |
| 风险投资运作模式 | ①以私营投资为主体，准政府投资机构并存<br>②主要集中于高科技领域，如信息产业、生物制品等<br>③投资主要集中在新创企业的创建期和成熟期 | ①以大公司、大银团为主体，私人风险投资较少<br>②对高新技术产业的风险投资比例不高，投资对象较为狭窄<br>③投资主要集中在创业企业的后期 | ①政府利用提高财政投入以及科技三项费用创建风险投资公司两种方式直接参与风险投资<br>②对高新技术产业投资比例较少，投资对象较为集中<br>③投资主要集中在创业企业的创业期和成长期 |
| 投资技术领域 | 科技活动资金主要来源于证券市场，对高新技术产业发展支持较大 | 科技活动资金主要来自金融机构，对高新技术产业发展支持不足 | 科技活动资金主要来自政府和企业自有资金，对高新技术产业发展支持困难 |

资料来源：宋彧，莫宏宇．科技与金融模式的比较研究［J］．商业研究，2005（22）：59-62.

李颖（2011）① 认为以往对于科技金融的研究都侧重于分析科技创新与金融产业的关系，而忽略了研究科技与金融的结合机制。李颖认为，科技与金融的结合机制分为初端、中端和高端 3 个层次，也代表了科技与金融结合的三个阶段，这也是二者结合逐步完善的过程。

科技产业与金融业结合的初端路径是一个闭合循环回路（见图 1-2），

① 李颖．分层视角的科技产业与金融结合路径探析［J］．产经评论，2011（3）：12-24.

在这一闭合循环回路中，企业通过从金融机构获取资金实现科技创新，并对金融机构回报利息；金融业通过购买科技创新产品提高自身效率，科技和金融在这一闭环回路中实现共同发展。

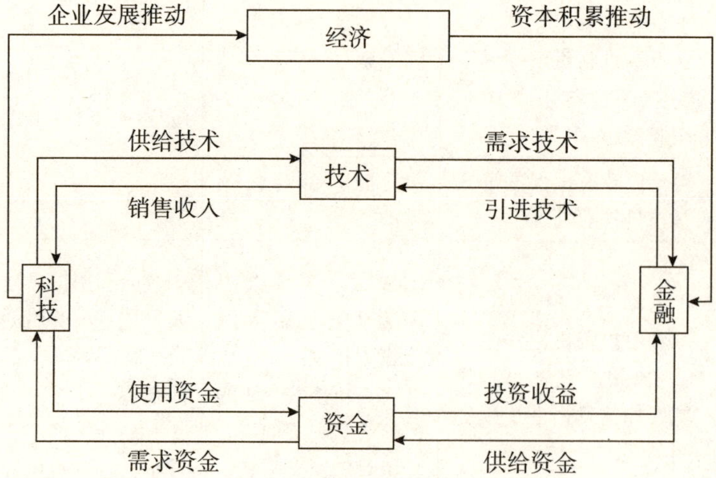


**图1－2　科技产业与金融结合的初端路径**

科技产业与金融结合的中端路径是一个开放的循环回路（见图1－3），之所以称之为开放的回路，是因为科技产业和金融业不再是分别为对方提供所需要的技术和资金，而转变为由科技产业提供的技术和由金融业提供的资金共同构成一个结合体，两者的边界渐渐模糊，形成一个同时满足技术和资金的科技金融综合体。

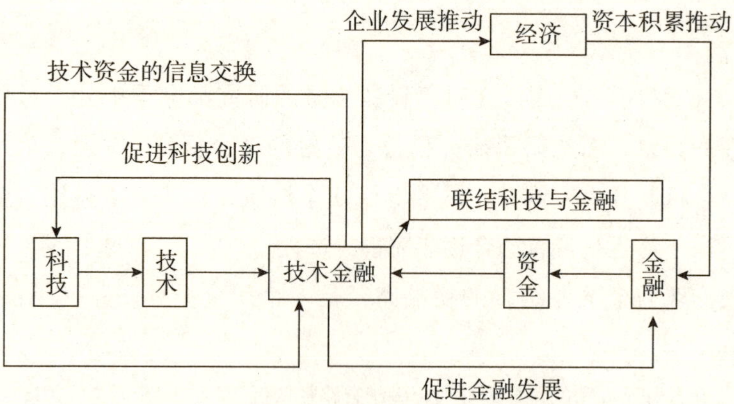


**图1－3　科技产业与金融结合的中端路径**

而科技产业与金融结合的高端路径就是科技金融一体化（见图 1－4）。这种高端的结合路径可以实现科技产业与金融业零距离的接触，也是集约型科技创新和规模化金融资源高效结合的表现。科技与金融融为一体，高度耦合。

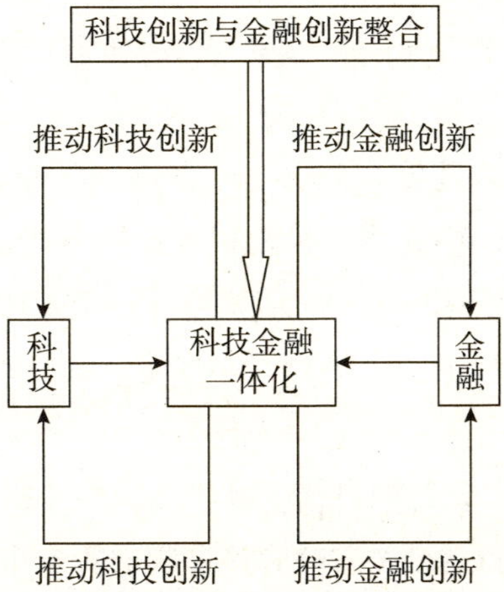


**图 1－4　科技产业与金融结合的高端路径**

宗编（2012）① 通过盘点全国首批科技金融试点的实践，总结出我国目前科技金融有四种模式："提前培育＋先行研究"的模式、"引导基金＋担保公司"模式、"金融超市＋银企对接"模式以及"大胆探索＋担保平台"模式。

陆燕春、朋振江（2013）认为②，根据国外科技金融运行机制的不同，可以将科技金融的模式分为四类：政府主导型、银行主导型、资本市场主导型以及民间主导型。并提出，科技金融模式的形成，不仅仅与国家体制、经济政策因素相关，还要结合各地区不同的经济发展情况。因此，科技金融模式的建立存在地区差异是正常的，只有结合本地实际，才能建设出符合当地科技金融发展的科学模式。

---

① 宗编．盘点近期科技金融创新四模式［J］．高科技与产业，2012，8（4）：96－97.

② 陆燕春，朋振江，我国科技金融理论研究综述［J］．科技进步与对策，2013，30（16）：156－160.

### 4. 科技金融体系研究

科技金融发展的关键在于科技金融体系的建设。

郭建国、孔凡娜（2007）① 通过阐述国外科技金融体系建设的特点和功能，指出我国科技金融体系存在的缺点和不足，并通过借鉴国外科技金融体系建设的优点和经验对我国科技金融体系建设给予了建议：要加快组建各种形式的风险投资，建立多方面的融资渠道，完善我国的信用担保和信用评估体系。

肖泽磊、韩顺法、易志高（2009）② 提出科技金融体系的主体有四个，即政府、金融服务机构、中介服务机构以及高技术企业。由政府引导，其他三方共同参与，同时配套引导机制、协作机制、激励机制、责任机制等运作机制和风险防范机制而形成的市场化、多渠道、高效率的体系是科技金融体系建设的实质。

杨茜（2008）③ 指出，我国科技金融体系的构建需要从政府的支持力度、风险投资机制、商业银行的金融支持和多层次的资本市场体系四个方面着手。四个方面同时运作才能形成具有中国特色的科技金融体系。

徐义国（2008）对科技金融体系的功能定位、架构特征、主导机制和实施手段都进行了详细说明④。他指出，构建科技金融体系的基本原则应该是创立一个高效的科技创新体系，并结合一切金融力量将科技创新实现产业化。因此，科技金融体系应该要有一个长期发展的目标，以投资机制为主导，多元化中介机构为依托的自主创新体系。此外，徐义国还从指导思想、主要依托载体、资金构成、市场架构、服务对象及内容等方面对科技金融体系的建设做出了详细说明。通过对科技金融的功能定位和架构特征的阐述，徐义国提出，在科技金融体系的建设过程中，要借助国家现有的金融资源和政策资

---

① 郭建国，孔凡娜．国内外发展高科技园区金融支持体系的比较［J］．商业研究，2007（6）：147－149.

② 肖泽磊，韩顺法，易志高．我国科技创新体系的构建及实证研究——以武汉市为例［J］．科技进步与对策，2011（18）：6－11.

③ 杨茜．科技型中小企业发展的金融支持问题［J］．科学管理研究，2008（5）：111－113.

④ 徐义国．科技金融：对条件财务模式的理念革新和实践跨越［J］．银行家，2008（5）：69－71.

源，为科技金融体系建设创立一个良好的环境，还要根据各地的具体情况，制定符合区域发展的配套措施，促进科技金融体系的建设。

辜胜阻、曹誉波、杨威（2011）① 提出要建立多层次的科技金融体系来支持科技型企业的发展：要积极推动“新三板”扩容，优化创业板和中小板，构建多层次的资本市场；完善“天使投资、风险投资、股权投资”的融资体系；吸引海外投资，推进债券市场发展，壮大创业投资的投融资链条。

**5. 科技金融一体化理论**

李建伟在2005年率先提出了“科技金融一体化”这一概念②。他认为，随着社会经济的发展，科技与金融的发展日益紧密，形成了一个相互依存、相互促进、融合发展的现象，而这一现象就是科技金融一体化。

李建、马亚（2014）③ 等人通过对现代经济的分析，提出了科技金融一体化理论，即科技与金融不分彼此，融合为一个有机的整体。他们提出，科技金融一体化具有两大特征：一是科技与金融结合的成本极大缩小；二是科技与金融由自发结合转变为自觉结合。

科技金融一体化可以消除科技与金融结合的各种障碍，能极大地降低科技与金融结合的成本，各类金融资源和技术资源都能在市场机制的配置下高效地发挥其系统功能。当科技金融一体化发展到一定程度后，信息不对称的现象大为减少，关联交易极为畅通，科技与金融之间的资源配置成本趋近于零，产权的统一使科技资源与金融资源得到充分融合，科技创新项目拥有足够的资金支持，而金融发展项目也拥有足够的科技支撑。

此外，科技与金融由自发结合渐渐演变为自觉结合。在利益的驱动下，企业和金融机构逐渐意识到，要想更高效、更长久地发展就必须从根本上解决技术与资本的不平衡发展问题，而只有将科技与金融有效地结合起来才能消除这个障碍。科技金融一体化正是这种思想下的产物，虽然所有的企业和

---

① 辜胜阻，曹誉波，杨威．科技型企业发展的多层次金融支持体系构建［J］．商业时代，2011（22）：77－79.

② 李建伟．技术创新的金融支持——理论与政策［M］．上海：上海财经大学出版社，2005：77－85.

③ 李建，等．科技金融——理论进展与滨海金谷的构建［M］．北京：中国金融出版社，2014：15－16.

金融机构都是利己的，但是博弈之下，科技金融一体化是最好的选择，这极大地促进了科技与金融的高度耦合，使两者融为一体。二者的结合使科技创新的效率可以得到极大提高，金融体系长久发展，最终可以促进经济的发展。

## 第三节 科技金融的相关政策

纵观世界经济的发展史，政府在经济运行中都发挥着重要的作用，尤其是在科技金融的市场中，政府的作用显得尤为突出，扮演着至关重要的角色。实践证明，如果没有政府政策的引导和资金的支持，单纯依靠企业自身的努力，科技金融很难得到长足的发展；而凡是科技金融发展迅速的国家，政府都起到了巨大的作用，特别是在制定政策、创造环境、控制风险等方面都对科技金融的发展起到了强有力的推动作用。因此，研究科技金融的相关政策是非常必要的。

### 一、国外关于科技金融的相关政策研究

国外金融对科技的支持作用主要体现在四个方面：政府的推动政策、风险投资市场、风险信贷市场以及资本市场。而政府在科技金融方面的推动政策主要体现在两个方面：完善法律环境和设立政策性金融机构。完善的法律环境和健全的政策性金融机构对高新技术企业的发展起到了良好的引导和保障的作用。充分理解国外科技金融政策的发展经验无疑有利于我国科技金融的良性成长。

#### 1. 完善法律环境

无论是在以市场为核心的美国金融体系下，还是在银行为主导的日本、德国的金融体制下，完善的法律环境对科技企业的发展都是不可或缺的。

(1) 美国

从20世纪50年代起，美国政府为了促进科技金融的发展，相继制定和出台了一系列保障和支持中小企业特别是科技型中小企业发展的法律，为美国科技金融的发展提供了法律支持。

1953年，美国颁布了有关中小企业的基本法即《中小企业法》，并成立了小企业管理局（SBA），管理和服务中小企业；1958年，颁布了《中小企业

投资法》，并设立了小企业投资公司（SBIC）；1982 年，美国实施了《小企业创新发展法》，鼓励中小企业技术创新；此外，美国政府还出台了《联邦技术转移法》《国家竞争技术转移法》《小企业担保信贷法》《小企业技术创新开发法》等法案，为中小企业技术创新提供法律支持和保护，并为政府管理和中小企业维权提供了法律依据。

除了立法上的支持，美国还实施了一系列支持科技创新的政策，包括财政政策、税收政策和金融政策。

在财政政策方面，美国首先加大了研究和开发（R&D）的财政投入，从 1970 年开始，美国政府依托雄厚的国家财力不断加大在研发方面的财政预算，特别是 2008 年以后，美国执行了“美国竞争力计划”，对美国的基础研究、应用研究、试验发展、设施装备四个研究主体部分都加大了资金投入，研发投入占 GDP 比重逐年提高，截至 2014 年，美国在研究与开发上的财政投入已由 1970 年的 149 亿增加到 4535 亿美元，占 GDP 的百分比也由 0. 1% 增加到了 2. 8%；其次，美国还设立了科学基金，促进企业与大学及科研机构合作；最后，美国政府对符合产业扶持政策的企业创新产品采取优先采购的政策，扶持具有自主创新能力的科技型企业良性发展①。

在税收政策方面，美国采取了降低税率、税收减免及税收抵免三种方式。1978 年颁布了《雇员退休收入保障法》，规定创业投资的收益税为 29%，1981 年又通过了《经济复兴税法》，将投资收益税的百分比降到了 20%；对投入符合条件的小企业施行至少 5 年的税收豁免；对于设备折旧也采取了相应的减税政策。1982 年，美国政府出台了《小企业创新研究计划》（SBIR），对小企业进行财政补贴和税收优惠，规定所有研发经费超过 1 亿美元的项目，政府有关部门必须按一定比例向小企业创新计划提供资金；研发经费超过 2000 万美元但不到 1 亿美元的，联邦政府机构每年要为小企业确定科研项目和目标，符合条件的小企业均可向 SBA 申请小企业创新研究资助，促使其专利发明变成现实。1986 年，美国颁发了《税收改革法》，规定对企业投资额的 60% 免除课税，40% 减半课税，随后美国又相继通过了几次降低税收的法

① 李炳安．美国支持科技创新的财税金融政策研究［J］．经济纵横，2011（7）：97－99.

案，有效地促进了中小企业特别是科技型企业的发展。2001 年，美国实施了研发领域永久税费优惠的政策，大大促进了企业在研发方面的投资，使其在全球范围长久地保持着科技领先、经济领先的优势。

在金融政策方面，美国在 20 世纪 60 年代起就建立了中小企业信用担保制度，形成了多层次的中小企业信用担保体系。1958 年，美国批准成立了小企业投资公司（SBIC），投资处于初创期的小企业。各种政策性的金融支持有力地促进了中小企业的创新和发展，并使美国的经济长期处于繁荣状态。

（2）德国

在立法上，德国政府在 1957 年颁布了《反对限制竞争法》，支持中小企业参与竞争，促进中小企业发展；并于 1965 年对该法案进行了修正，对中小企业采取登记制度，鼓励中小企业联合参与竞争，进一步优化了中小企业发展的外部环境；对于登记的中小企业，德国政府还设立了秘书处及类似的管理机构，管理中小企业的同时也为中小企业的发展提供服务。

除了立法上的支持，德国政府也采取了财政补贴和税收优惠等政策。例如，在财政补贴方面，德国设立了专门用于中小企业研究和技术投资的基金，对中小企业的技术投资实施 15% ~23% 的财政补贴，并对中小企业开发新产品给予 5% 的研发补助，对中小企业的技术创新提供援助；德国政府还引用资金资助中小企业成立协会，提高中小企业的竞争力。在税收优惠方面，德国政府采取了税收减免、提高税收起征点以及提高固定资产折旧率三个方面的政策，支持中小企业的发展。此外，德国政府对科技型中小企业也采取了资金支持，设立了小型技术企业参与基金，促进科技型中小企业的发展。

（3）日本

在立法上，日本有着较为系统和完善的法律体系，既有基本法，又有单行法；既有组织法，又有促进法和行为法，可以说相对于其他国家，日本在中小企业立法方面是最完备的。1963 年，日本颁布了《中小企业基本法》。这也是日本中小企业的根本大法，是制定日本中小企业其他政策的基石和基础。该法案中，日本明确了将推动中小企业发展作为日本总体产业政策的一部分。在《中小企业基本法》的基础上，日本政府相继出台了《中小企业现代化促进法》（1963）、《中小企业技术基础强化税制度》（1967）、《中小企业创造活动促进法》（1995）等法律法规，在企业的创办、研发支持、研究转化等方面都制定了相应条例，支持中小企业的健康发展，也使日本的产业发展有了较大的提高。

在税收优惠方面，日本主要采取税收减免、提高税收起征点的政策：对中小企业征收 22% 的法人所得税，比大企业低 8%；股权转让收入收益按 75% 征税，并对保留金采取免征税政策；对中小企业的年度所得采取 28% 和 37.5% 的两部分分段式征税。

同时，日本政府还采取贷款倾斜的政策对中小企业技术创新进行金融支持，通过日本开发银行、日本输出银行、中小企业金融公库等政府金融机构，运用财政政策和金融政策向科技型中小企业提供低息贷款以支持企业进行科技创新和产品研发。

（4）以色列

以色列是中东地区唯一的发达国家，科技的创新和领先是以色列得以在短短几十年内迅速发展的重要因素。以色列政府长期注重对科技研究的投入，对科技型中小企业的发展给予了极大的法律和政策上的支持，有效促进了科技与金融的有机结合，对以色列的经济发展起到了重要的促进作用。

在立法上，以色列于 1959 年颁布了《资本投资鼓励法》，鼓励以色列境内外人士对以色列“核准企业”投资，并对投资公司或者合作伙伴提供投资优惠政策：对投资的固定资产给予补贴、减税甚至免税的税务激励计划；该法还对以色列三个重点发展地区的企业给予特殊优惠政策，大大促进了以色列的资本发展。1969 年，以色列政府颁布了《工业鼓励法》，对科技型中小企业给予不同程度的税收鼓励政策。同年，又颁布了《工业研发鼓励法》，对企业的研究项目提供最高 50% 的有条件津贴，鼓励企业自主研发、创新产品。

1985 年，以色列政府颁布了《鼓励工业研究和开发法》，对政府批准的具有创新性、技术可行性和良好发展前景的研究和开发项目给予 30% ~66% 的资金补贴，有力地促进了以色列高新技术产业的发展和推广。同时，以色列制定了严格的知识产权保护制度，通过法律对企业的知识产权予以强有力的保护，促进了科技型中小企业的发展，也加快了以色列具有优势的科技创新的产业化进程。

### 2. 政策性金融机构

科技型中小企业在创业初期往往存在着资金短缺、投资回报时间长以及创新风险较大等问题，而这些问题在正常的市场经济环境下很难得以解决，因此就需要政府建立政策性金融机构来弥补这一缺失，为科技型中小企业的发展铺平道路。美国、德国、日本以及以色列这些科技强国都相继建立了政策性金融机构为科技型企业提供良好的发展环境。

（1）美国

1953 年，美国根据《中小企业法》建立了小企业管理局（SBA），用来管理和服务中小企业。它的功能主要体现在四个方面：一是维护中小企业的利益；二是为中小企业提供信息、资源和培训等方面的技术援助；三是帮助小企业参与政府采购；四是通过提供担保，帮助中小企业获得银行等金融机构的贷款支持。

1958 年，美国又设立了小企业投资公司（SBIC）。SBIC 在 SBA 的管理下开展业务，属于民营金融机构，小企业投资公司在小企业管理局享有长期的贷款优先权，通过风险投资、信用担保等形式为科技型中小企业提供资金支持，并通过参与企业股权的方式获得投资回报。这种良性的循环机制使小企业投资公司在美国得以迅速发展，也为中小企业提供了大量资金支持，为美国的经济做出了巨大的贡献。

（2）德国

德国主要采取的是间接融资支持的模式，建立了两大政策性银行即德国清算银行和德国复兴信贷银行。德国政府每年向这两大政策性银行提供 50 亿欧元的资金以便其为科技中小企业提供 2% ~3% 的贴息贷款，并且两大银行的利润并不上缴，而是用来继续支持中小企业的发展。同时各州的政策性银行作为两大银行的补充，也为中小企业的发展提供各类优惠贷款，协助中小企业通融资金，推动中小企业的发展。

此外，德国政府还设置了特殊专项贷款以及资本援助计划，重点扶持相应的科技型中小企业进行技术研究和应用推广。

（3）日本

为了满足日本中小企业的融资需求，促进中小企业的发展，日本政府建立了一系列政策性金融机构（见表 1 - 3），包括中小企业金融公库、国民金融公库、风险开发银行，等等①。这些政策性金融机构大多数都是由政府直接投资的，因此日本的政府直接投资比例也是在发达国家中最高的。

**表 1-3　　日本政府支持科技金融发展的部分政策性金融机构**

| 机构名称 | 成立时间/年 | 主要目的 |
|---|---|---|
| 商工合作社中央公库 | 1936 | 为中小企业提供信用贷款（无担保）、贴现票据等金融服务 |
| 国民金融公库 | 1949 | 为融资困难、规模较小的中小企业提供小额周转资金贷款 |
| 风险开发银行 | 1951 | 向科技型企业（风险企业）提供低息贷款 |
| 中小企业金融公库 | 1953 | 为规模较大的中小企业提供长期低息贷款 |
| 财团法人中小企业投资培育会社 | 1963 | 通过购买初创企业股票为企业融资 |
| 风险投资公司 | 1975 | 为风险企业贷款提供 80% 的信用担保 |
| 日本风险事业中心（VEC） | 1975 | 为风险企业的研究开发贷款提供无抵押担保 |

资料来源：邓平．中国科技创新的金融支持研究［D］．武汉：武汉理工大学，2009.
李丹心，束兰根．科技金融——理论与实践［M］．南京：南京大学出版社，2013.

尽管这些政策性金融机构成立的时间不同，且主要目的各不相同，但都在不同程度上为有发展前途的中小企业提供了低息融资、信用担保等服务，在一定程度上改善了日本科技型中小企业融资难的问题，推动了日本科技型中小企业的发展。

（4）以色列

为支持中小企业发展，加快具有优势的科技创新产业化进程，以色列建立了多个高效率的半官方机构（见表 1-4），这些机构不仅通过发行基金等方式对中小企业进行资金资助，还为企业提供管理和财务等方面的帮助和服务②。以色列通过这些机构为科技型中小企业提供生存与发展所必需的资本、

① 李丹心，束兰根．科技金融——理论与实践［M］．南京：南京大学出版社，2013：49-50.

② 李善民，等．科技金融：理论、实践与案例［M］．北京：中国经济出版社，2015：47-50.

场所、咨询、评估等服务，取得了非常显著的成效。

**表1－4　　以色列政府支持科技金融发展的部分政策性金融机构**

| 机构名称 | 成立时间/年 | 建立宗旨 |
|---|---|---|
| 以色列中小企业局 | 1994 | 推动制定和实施政府关于鼓励中小企业的政策；<br>制定和实施支持小企业的办法；<br>建立中介机构，为中小企业发展给予帮助、指导和监督 |
| 小企业发展中心 | ×× | 为中小企业提供管理支持和专业顾问等服务 |
| 首席科学家办公室 | ×× | 审批企业相关研发项目并提供资金支持；<br>参与国际间研发合作；<br>资助前种子阶段企业 |

资料来源：李善民，等．科技金融——理论、实践与案例［M］．北京：中国经济出版社，2015.

此外，以色列政府还通过科技孵化器、创新企业促进计划、种子基金计划以及国家担保基金等形式对科技型中小企业进行直接资金帮助。科技型中小企业可以按照相关要求提交详细的经营计划并向银行提出贷款申请，银行在政府担保的情况下，对企业进行信用评估，对于通过评估审核的企业提供约合6.5万美元的贷款，有效地促进了前种子期的科技企业的发展。

### 3. 相关启示借鉴

不管是以市场为主导还是以政府为主导的国家，政府政策上的支持都是发展科技金融的必要条件。完善的法律环境和政策性金融机构配套两方面措施缺一不可，互为补充。

从国外的相关政策来看，我国应尽快构建一个完善、优质的法律环境。我国的科技金融政策体系存在着缺乏系统性、层级较低、创新不足和可操作性不强等缺点，因此急需通过立法保持科技金融政策的持续性和权威性。成熟的法律机制、有效的知识产权保护措施不仅能规范科技金融市场，使科技金融市场的发展有法可依，还能促进科技金融市场稳定、健康地运行①。而完

① 吕鹰飞，桑晓曦．吉林省科技金融发展问题研究［J］．长春金融高等专科学校学报，2016（1）：51－58.

善的法律环境包括：制定法律和政策鼓励和保护中小企业的创新与发展；依法设立相关机构对政策的执行进行有效监督，并提供相关资讯和培训服务；对于科技型中小企业提供税收优惠、财政补贴等优惠措施。

除了建立健全优质完善的法律环境，建立政策性的金融机构也是促进科技金融发展的重要手段。必要的配套服务设施有利于提高科技创新和金融创新的效率。从美国、德国、日本和以色列的先进经验来看，政策性金融机构可以选择直接投融资、信用担保或者间接投资等服务模式对科技型中小企业进行资助，满足处于不同成长阶段有着不同资金需求的中小企业发展。

## 二、国内关于科技金融的相关政策研究

政策是科技金融的灵魂，是政府发展科技金融的重要手段。政府制定的相关政策对科技金融发展起着关键的推动和引导作用①。

随着我国经济体制的改革，科技体制与金融体制也随之不断推进，科技与金融的结合不断深入，关于科技金融的相关政策也逐步建立并丰富起来，特别是在 2006 年，国务院发布了《国家中长期科学和技术发展规划纲要(2006—2020 年)》之后，一系列相关政策和配套措施相继出台。

通过对我国科技金融相关政策的主旨、目的、功能及内容的分析，我们可以将已发布的科技金融政策大体归纳为三大类：科技金融服务政策也就是综合类政策、科技金融财税政策以及科技金融市场政策。其中，科技金融服务政策是为了创建良好的科技金融大环境而制定的相关文件，也可以称之为战略规划式政策，大多是国家层面的；科技金融财税政策是政府通过财政资金支持和税收让渡来引导和激励科技创新而制定的相关政策，包括税收政策、财政补贴政策等；而科技金融市场政策是为了促进市场合理资本配置、促进科技创新而制定的相关政策，包括科技贷款政策、科技资本市场政策、科技保险政策以及科技担保政策②。

① 唐五湘，饶彩霞，程桂芝．北京市科技金融政策文本量化分析［J］．科技进步与对策，2013（18）：56－61.

② 苑泽明，郭景先，侯雪莹．我国科技金融政策评价研究：构建理论分析框架［J］．科技管理研究，2015（15）：69－75.

1. **科技金融服务政策**

我国的科技金融服务政策大多是国家层面的战略规划政策：2006 年颁布的《国家中长期科学和技术发展规划纲要（2006—2020 年）》指出，要实施促进创新创业的金融政策，构建多种形式的科技金融合作平台；随后我国政府又颁布了若干配套政策，包括科技投入、金融支持、保护知识产权、税收激励等十项内容；2007 年出台的《关于支持中小企业技术创新的若干政策》中明确要求要加大对技术创新产品和技术进出口的投资力度，鼓励金融机构对中小企业技术创新进行资金支持等；2011 年，我国出台了《关于促进科技和金融结合　加快实施自主创新战略的若干意见》，充分解释了科技和金融结合的重要意义，提出要优化科技产业的资源配置，建立科技和金融结合的协调机制，培育和引导金融机构投资科技型中小企业，为中小型科技企业提供融资、贷款渠道，积极推动科技保险发展等。

2. **科技金融财税政策**

科技金融财税政策是政府通过财政资金支持和税收让渡来引导和激励科技创新而制定的相关政策，包括税收政策、财政补贴政策等。如《关于加强科技条件财务工作的意见》（2006 年颁布）中，提出将多渠道筹集资金增加科技投入、统筹配置资源创新投入方式、加速推进科技条件建设作为科技条件财务工作的主要任务；2007 年颁布的《国家税务总局关于促进创业投资企业发展有关税收政策的通知》中提出对于符合条件的创业投资企业，可按其对高科技中小企业投资额的 70% 抵扣应缴所得税；2011 年通过的《关于建设贷款中央财政贴息资金管理办法》中提出对国家高新区范围内的符合条件的项目给予贷款贴息优惠政策，对西部地区国家高新区、战略性新兴产业集聚和自主创新能力强的国家高新区给予重点贴息支持。

3. **科技金融市场政策**

科技金融市场政策是为了促进市场资本合理配置、促进科技创新而制定的相关政策，包括科技贷款政策、科技资本市场政策、科技保险政策以及科技担保政策。在我国现行的科技贷款政策中，比较有代表性的有 2007 年颁布的《关于进一步加大对科技型中小企业信贷支持的指导意见》，规定了科技型中小企业的 4 项条件，提出了进一步加大对科技型中小企业的信贷支持和金融服务的 7 条意见；2016 年颁布的《关于支持银行业金融机构加大创新力度开展科创企业投贷联动试点的指导意见》提出，要充分发挥金融机构的积极作用，努力探索适合我国科创企业发展的金融模式，加快我国投贷联动模式的健康发展，缓解科创企业融资难的问题，促进我国科技金融的深化发展①。科技资本市场政策主要针对我国的知识产权交易市场、证券市场，特别是创业板、新三板市场等资本市场提出的政策指导意见，以促进科技金融产业的发展。我国的担保机制与国外不同，国外大多数国家都是由政府作为主要的担保机构，其他担保机构作为补充；而我国为科技企业提供担保的大多是中小企业信用担保机构，因此我国的科技担保政策也是针对这些信用担保机构制定的，如2006年颁布的《关于加强中小企业信用担保体系建设的意见》就明确了要将国家用于促进中小企业发展的专项资金中，安排部分资金用来支持中小企业信用担保体系建设，引导担保机构充分发挥作用，为担保机构开展业务创造有利条件②。

**4. 我国现行科技金融政策存在的问题及相关评述**

国内的许多学者都对我国的科技金融政策进行过评价，评价从宏观角度上大多都集中在两个方面：政策安排的合理性或是可操作性以及政策落实的效果。

大多数学者指出，虽然我国的科技金融政策基本已经形成了一个体系，涵盖的方面和范围也比较广，但是因为缺乏核心目标，所以并不能称之为一个成熟、系统的体系。以科技金融为主题的政策虽然很多，但通过整理我们发现，这些政策多数是以“意见”或“办法”的形式出现，在法律层面上制定的政策可以说是凤毛麟角，而涉及的内容也多是进一步完善各项科技金融工具。此外，颁布科技金融政策的机构众多，政出多门，导致协调性不足，缺乏合力。

不仅仅是政策安排上缺乏核心目标、整体性不足，政策的实施效果也并不理想③。因为我国科技金融政策存在着系统性差、层级较低、担保机制不完善等缺陷，导致这些政策对于投资引导并未发挥明显效果；而且由于我国市场存在着很大的信息不对称问题，对于知识产权的保护政策也比较少，因此

① 耿传辉．加快我国投贷联动发展的路径探索［J］．长春金融高等专科学校学报，2016（4）：64－68.

② 促进科技和金融结合试点工作部协调指导小组秘书处．中国科技金融发展报告（2012）［M］．北京：经济管理出版社，2013：334－336.

③ 周昌发．科技金融发展的保障机制［J］．中国软科学，2011（3）：72－81.

现有的科技金融政策并不能够有效地降低科技金融的风险，政策落实的效果也达不到预期。

关于财政补贴政策，刘楠、杜跃平（2005）① 认为事前补贴并不能激励科技创新的产生以及效率的提高，因此不宜采用；林承亮、许为民（2012）② 对比了两种财政补贴模式即产品产出数量补贴和研发投入补贴，发现研发投入补贴的形式更有利于激发企业科技创新。

财税政策方面，邵雪峰、王爽（2012）③、柳光强、田文宠（2012）④、俞雯、方重（2016）⑤ 等人就税收政策对高新技术企业发展的影响进行了评述，认为税收政策对科技企业创新效果的促进作用并不显著，对企业的税收优惠形式也很有限，现有的税收政策大多偏重于企业创新的生产投入和成果转化，而在企业研发和固定资产采购上优惠力度不大；赵恒群（2007）⑥、王宏起、孙继红、李玥（2013）⑦ 认为我国现行的科技金融税收政策法律层级较低，多以意见为主，缺乏协调性、适应性和合理性；宋河发、穆荣平、任中保（2009）⑧，张明喜、王周飞（2013）⑨ 认为我国科技金融财税政策执行力不足，宣传和落实不到位，落实的手续和程序也过于烦琐，阻碍了科技金融的高效发展。

---

① 刘楠，杜跃平．政府补贴方式选择对企业研发创新的激励效应研究［J］．科技进步与对策，2005（11）：18－19.

② 林承亮，许为民．技术外部性下创新补贴最优方式研究［J］．科学研究，2012（5）：766－781.

③ 邵学峰，王爽．激励企业科技创新的税收政策研究［J］．经济纵横，2012（1）：118－121.

④ 柳光强，田文宠．完善促进战略性新兴产业发展的税收政策设想——从区域税收优惠到产业优惠［J］．中央财经大学学报，2012（3）：1－5.

⑤ 俞雯，方重．论“免、抵、退”税式支出对高新技术企业自主创新的激励效应［J］．运筹与管理，2016（6）：169－175.

⑥ 赵恒群．促进科技进步的税收政策研究［J］．税务与经济，2007（2）：86－89.

⑦ 王宏起，孙继红，李玥．战略性新兴企业自主创新的税收政策有效性评价研究［J］．中国科技论坛，2013（6）：63－69.

⑧ 宋河发，穆荣平，任中保．技术开发费150%税前加计扣除政策落实问题分析与对策研究［J］．科学学研究，2009，27（12）：1822－1828.

⑨ 张明喜，王周飞．中关村示范区税收试点政策跟踪与推广路径［J］．税务研究，2013（3）：14－19.

# 第二章　科技金融发展的国内外经验借鉴

## 第一节　国外科技金融发展现状

自1912年经济学家熊彼特提出“科技金融”一词，以金融支持为视角促进新兴科技产业发展越来越受到重视，各国纷纷结合本国实际情况，探索科技与金融结合模式，实现了资源与技术的有效对接。2006年《国家中长期科学和技术发展规划纲要（2006—2020）》及其配套政策出台，我国科技金融的发展进入了快速增长阶段。随着我国经济发展进入新常态，经济结构调整、产业转型升级需要科技与金融的进一步融合。因此，学习、借鉴他国的成功经验并结合我国各地区自身特点探索科技金融发展之路便成为当务之急。

### 一、美国科技金融实践

在美国的企业中，中小企业数量约占总数的99%，而高技术公司通常起步于中小企业。据调查，美国约70%的创新发明是在小企业实现的，因此加大对中小企业的扶持力度，对于促进科技创新有积极作用。

#### 1. 担保支持体系

美国建立了全国、地方、社区三层次小企业信贷担保体系，分别是全国性的小企业信用担保体系（小企业管理局操作）、区域性专业信用担保体系（地方政府操作）和社区性的信用担保体系。

（1）全国性小企业信用担保体系（SBA）。SBA是美国独立的联邦政府机构，成立于1953年，目前在全美有2000多个分支机构，向小企业提供资金支持是美国财政预算的重要组成部分。每年财政预算中，中小企业信用担保基金约 2 亿美元，具体方式为政府通过小企业投资公司（SBIC）向企业提供担保，刺激商业银行发放贷款，提供资金支持。并不是所有的商业银行都能够发放由小企业投资公司（SBIC）担保的贷款，商业银行首先应取得小企业管理局的许可。商业银行服务中小企业评级的高低会直接影响商业银行分支机构的建立以及收购兼并等业务的开展，对商业银行发展有着至关重要的影响。目前，包括摩根大通、美国银行、花旗银行等在内的大约 7000 家商业银行与小企业管理局建立了合作贷款担保关系，加强自身服务中小企业的力度，提高服务中小企业的能力。

SBA 服务对象为有一定经营历史和盈利能力的小企业。除提供少数的直接贷款（约占 1%）外，SBA 主要以提供担保的方式助力小企业融资。当符合条件的小企业向商业银行贷款时，SBA 以 50% ~90% 的担保率为其提供担保，促进其资金融通。如果企业不能按时偿还本息，则由 SBA 代其偿还。例如，SBA 对中小企业急需的少数“快速”贷款开通“快速车道”贷款担保，提供 50% 额度比重的担保。对于出口生产企业、国际贸易企业以及中小企业的减少污染计划提供的贷款担保比例高达总投资的 90%。目前，SBA 与贷款人建立了风险共担机制。通过对企业实行风险约束、规范制度管理、规范担保业务操作流程等方式分散和规避风险。除提供资金援助外，SBA 还面向中小企业提供技术援助、紧急救助等服务。

（2）区域性专业信用担保体系。区域性专业信用担保体系由地方政府操作。如加州出口信用担保体系，目的在于帮助加州小企业扩大出口，加州出口信用担保体系由政府出资，采取与协作银行合作形式，分担银行面向小企业发放贷款的风险。

（3）社区性信用担保体系。由于全国性的信用担保体系及协作银行遍布美国各地，社区性信用担保体系更多的是面向社区贫困人口，通过支持创业助其脱贫。

**2. 政府支持体系**

（1）政府直接投资。在美国，政府对高新技术企业的直接投资包括两方面：一是政府的财政研发经费支出，美国的 R&D（研究与试验发展）支出长期占到世界总量的1/3，最新数据显示，2012 财年美国联邦研发和研发设施的财政预算总计为 1437 亿美元（当前价）。2013 财年的相应数据为 1325 亿美元，2014 财年，研发和研发设施总预算增长到 1362 亿美元。2015 财年研发和研发设施财政预算估计达到 1372 亿美元（当前价，初步），较 2014 财年增长 10 亿美元（0.7%），这是继 2014 年较 2013 年增长 37 亿美元后的再次增长。二是国家对高新技术产业提供的贷款和股权投资。一般来说，对于创立初期的高新技术企业，政府通常采用低息贷款的方式，其后随科技企业发展则多以股权投资为主。

（2）政府立法支持。美国政府颁布了一系列法律，以完善高新技术企业融资渠道。1953 年美国《小企业法》（*Small Business Act*）正式出台，奠定了美国小企业政策的基础，20 世纪 50 年代通过的《1958 年小企业法案》和《国内税法》，降低了中小企业投资者的税收负担，其后的《1980 年小企业投资促进法》，将合伙企业的性质确认为“商业发展公司”。1981 年通过《经济复兴税法》，将中小企业个人所得税率下调了 25%，1890 年通过的《谢尔曼法》（*Sherman Antitrust Act of* 1890）为中小企业对抗大型托拉斯组织的垄断提供了法律基础和保障。2013 年 12 月，美国众议院通过《创新法案》（*Innovation Act*），对专利诉讼程序进行改革，旨在遏制日益蔓延的“专利蟑螂”，维护专利系统的正常运行。此外，还颁布了《小企业融资法案》（1953 年）、《小企业经济政策法》（1980 年）、《小企业技术创新法案》（1982 年）、《小企业技术创新计划》（1982 年）、《加强小企业研究与发展法》（1992 年）等一系列法案，力求为高新技术企业在资金融通、技术创新、加强与研究机构合作等方面给予支持。例如《小企业技术创新法案》规定，当政府研发经费超过 1 亿美元时，超过部分应按法定比例用于支持中小企业科技研发。

**3. 资本市场支持体系**

（1）构建多层次的资本市场体系。截至 2013 年 3 月，美国有 16 家证券交易所，90 个另类交易系统，以及 4268 家经纪自营商。美国交易所交易市场不仅服务大型企业，也为少量杰出小企业服务。美国的纳斯达克市场已成立四十余年，是专为中小企业和高科技企业提供融资服务的资本市场；另类交易系统（ATS）是指交易所以外联网集中交易的市场。ATS 是小企业挂牌交易的重要场所，如二级市场（Second Market）股权交易平台等。而纳斯达克小型市场、小额股票挂牌系统、粉红单市场等是专门为中小企业提供融资服务的柜台市场，财务指标要求比较低，大量没有盈利的企业可以在此上市。

在粉红单市场，也就是最底层的市场中，企业原则上不需要信息披露、报告就可以上市，目前有上万家企业挂牌交易。

（2）设立风险投资公司。美国的风险投资体系是世界上成立最早也最发达的。据调查，美国的风险投资资本为 GDP 贡献了 1% 的力量，而获得风险投资的企业却创造了占 GDP 11% 的价值。美国风险投资公司既包括官方的，也有民间的。1957 年，美国国会通过《中小企业投资法》，20 世纪 80 年代后，美国政府出台《小企业投资促进法》，其有限合伙的形式、资金来源的广泛、退出途径的多元化促进民间资本积极进入风投领域，使得民间风险投资公司迅速发展起来。而民间的风险投资公司则更倾向于给予高新技术领域的中小企业以资金支持。目前全美有 600 ~ 700 家风险投资公司。据统计，2014 年，美国风险投资机构的投资总额为 311 亿美元，交易笔数为 4356 笔，并且其中的 198 亿美元投向了软件创业公司，创下自 2000 年以来的最高纪录，2015 年风险投资融资总额有所下降，为 282 亿美元。

**4. 金融机构支持体系**

（1）商业银行贷款。近年来随着大型企业直接融资渠道的不断拓宽，美国许多城市的商业银行都纷纷设立专门的机构，为中小企业提供短期贷款。例如，在美国银行业名列前茅的富国银行（Wells Fargo）就根据其零售银行的定位，依托其在全美众多的营业网点开办社区银行，利用强大的信息系统和全面的信用评分体系（2000 年，亚特兰大联邦储备银行进行了一次电话调查。在 99 家作回应的银行中，有 61 家对于绝大多数低于 10 万美元的贷款都使用了小企业评分系统），仅在 2013 年就为小企业提供了 189 亿美元的信贷款承诺及交叉销售服务。

美国其他特大型银行包括摩根大通、美国银行、花旗银行都在提高小企业贷款的比重：美国银行将个人与小企业业务作为其四大核心业务之一，而且这一部分是该行盈利的最大部分。

（2）建立为中小企业服务的民间金融机构。美国有信用合作社、储蓄贷款以及金融公司等多种形式的民间金融机构，这些机构的存在大大缓解了美国中小高新技术企业的贷款难问题。例如，早在 1934 年，美国国会通过了《联邦信用社法》，信用社得以蓬勃发展，目前美国信用社共有会员 8900 万人，约占美国人口的 1/3，以个人或企业入股方式成立的信用合作社向其成员提供一定数量的贷款。

（3）建立中小企业信用保险公司。美国是全世界率先建立信用保险公司的国家之一。1908 年，美国建立了中小企业信用担保保险协会（SAA），目前有会员 650 多家，分为保证保险和忠诚保险两种服务，业务发展至今，已经成为和财产保险与人寿保险同在的业务领域。目前，由保险公司或其关联公司的保证保险业务的提供已非常普遍，有关的个人、公司通常选择购买保证保险来分散风险，损失最小化。

（4）成立专注于科技企业的银行。1983 年，硅谷银行成立。作为全球最成功的科技银行，硅谷银行在支持科技创新方面走出了一条成功之路。银行把自己的目标市场定在那些新创的、发展速度较快、被其他银行认为风险太大而不愿提供融资服务的中小企业身上，成立之初主要为硅谷的创新型高科技企业及风险投资提供金融服务。硅谷银行已为风险资本以及创业企业提供了 26 亿美元的贷款。目前，硅谷银行已与全球 550 家风险投资基金及私募股权投资基金建立了紧密的联系，并为之提供银行融资服务，银行借助风险投资基金严密的管理进行客户甄别，发现具有增长潜力的项目，评估所面临的风险和回报。在业务模式上，银行吸收主要来源于科技企业和风险投资公司的存款，并突破了债权投资和股权投资的限制，与科技创业企业达成协议，获得其部分股权或认购股权。

## 二、日本科技金融实践

### 1. 政府支持体系

（1）成立政策性金融机构。日本政策性金融机构体系庞大（见表 2 - 1）。最初为中小企业提供融资支持的政策性金融机构主要包括国民金融公库、中小企业金融公库和商工组合中央金库等，由于原有政策性金融机构体系约占日本金融体系整体的 1/3，机构过于臃肿，且出现大量不良资产，政府利息补贴额度巨大。基于提高资金使用效率、降低财政负担的考虑，日本政府 2002 年制定了政策性金融机构的改革方案和改革目标，截至 2008 年对政策性金融机构进行了一系列的合并调整，最终形成政策性的日本政策金融公库和私有化的商工组合中央金库。

表2－1　　日本九大政策性金融机构　　单位：万亿日元

<table>
<tr><th>机构名称</th><th>设立时间</th><th>2006年度末贷款余额</th><th>贷款对象</th><th>改革后的状况</th></tr>
<tr><td>住宅金融公库</td><td>1950年</td><td>44.97</td><td>个人</td><td>2006年年末废止</td></tr>
<tr><td>商工组合中央金库</td><td>1936年</td><td>8.54</td><td>中小企业</td><td rowspan="2">2008年10月实行股份公司化并最终民营化</td></tr>
<tr><td>日本政策投资银行</td><td>1999年</td><td>12.40</td><td>基础设施建设</td></tr>
<tr><td>国民生活金融公库</td><td>1999年</td><td>8.60</td><td>小企业、个人</td><td rowspan="4">2008年度统一为政策性金融机构（包括国际协力银行的国际金融部门）</td></tr>
<tr><td>中小企业金融公库</td><td>1953年</td><td>7.11</td><td>中小企业</td></tr>
<tr><td>农林渔业金融公库</td><td>1999年</td><td>2.96</td><td>农林水产业</td></tr>
<tr><td>国际协力银行</td><td>1957年</td><td>19.05</td><td>涉外经济活动</td></tr>
<tr><td>公营企业金融公库</td><td>1957年</td><td>24.59</td><td>地方公共团体</td><td>废止后移交地方管理</td></tr>
<tr><td>冲绳振兴开发银行</td><td>1972年</td><td>1.23</td><td>冲绳产业开发</td><td>保持现状至2012年度</td></tr>
</table>

资料来源：根据《知识·情报2003》和日本财务省《政策性金融机构公正合理运营报告2006》整理

政策金融公库主要以小微企业经营改善贷款和中小企业定向贷款形式为中小微企业提供资金支持。小微企业经营改善贷款是指小微企业申请，企业协会推荐，日本政策金融公库向小微企业发放低利率、无抵押、无担保贷款。中小企业定向贷款，是指政府对特定行业进行调研分析，行业协会提供技术、市场、行业信息，政府确定研发方向和采购设备，并发放长期低息贷款、给予财政补助和税收优惠、提供专家咨询，以提高中小企业生产效率。截至2013年年末，日本政策金融公库合计为近5万家中小企业提供了信贷支持，用以支持中小企业研发和转型升级，投放领域以安全网络建设、环保、能源等新兴产业为主。贷款余额近2万亿日元，占总量的90%以上。

（2）制定较为系统的政策法规。日本政府在1963年制定了《中小企业基本法》，划分了大企业与中小企业的界限，界定对于中小企业相关政策的基本思路。同年制定了《中小企业现代化促进法》，旨在改善中小企业融资环境、调整结构转变。1967年制定《中小企业技术基础强化税制度》，1985年制定《中小企业技术开发促进临时措施法》。2000年以来，日本政府为适应新时代下的中小企业发展，在整理了之前相关法律之后出台了《中小企业创造活动促进法》《新事业创出促进法》，2009年12月日本正式实施《中小企业金融圆滑化法》，针对遭受金融危机冲击的中小企业进行支援。2013 年日本国会通过了旨在促进企业健康发展的《小规模企业活性化法案》。这个法案是以此前颁布的《中小企业基本法》《信用保险法》等8 部法律为基础制定的。目的是让小规模企业以地方资源为依托，充分利用信息技术，在解决自身事业继承问题的困扰后，与外部经济接轨，提高参与国际竞争的能力。

**2. 金融机构支持体系**

据统计，日本的城市商业银行等大型银行占日本所有商业银行的60% 以上，所面对的客户主要是效率较高并且具有一定的规模效应的大型企业，因此规模越小、融资额越低的企业想要从大型银行获得贷款越艰难。应对如此环境，日本逐渐形成了今天较为发达的民间金融市场，如地方银行、第二地方银行、信用金库、信用组合、信用合作社等为中小企业提供重要的资金支持。

（1）地方银行和第二地方银行。地方银行是以各都道府县为中心展开营业的普通银行，是地域经济的核心、中小企业融资业务的支柱，以支援中小企业的形式，支撑着地域经济。第二地方银行规模相对较小，主要的客户是当地居民和当地的中小企业，对本地中小企业的融资和风险企业的培养支援有着积极作用。截至 2016 年，日本共拥有地方银行 64 家、第二地方银行 41 家，相对于日本国土，银行数量及分布密度较高。两者都担负着刺激地域经济发展的重任，也是中小企业进行间接融资的主要来源。

（2）信用金库和信用组合。日本的信用金库是以 1951 年 6 月成立的《信用金库法》为准则的地区性合作金融组织，是不以追求利润为第一目标，优先考虑地区社会利益的非营利性金融机构。因此，信用金库的宗旨是为地区经济发展服务，信用金库的贷款只限定于会员，会员的资格要求是在地区内的个人和法人（员工人数 300 人以下，或资本 9 亿日元以下），不对大型企业开放。日本信用组合的规模远小于信用金库，与信用金库一样都是由信用协同组织改制而成的金融机构。信用组合以组合会员相互扶持、谋求组合会员经济地位提高为目的而设立，只向组合会员提供贷款，会员资格是地区内的个人和法人（员工 300 人以下，或资本金 3 亿日元以下）。信用金库和信用组合的共通点是主要的贷款手法一样，采用关系型贷款的方式较多，对零散的微小企业和个人企业的融资较少，但对初具规模的中小企业来说是很重要的资金来源。

（3）商工组合中央金库。商工组合中央金库简称商工中金，是1936年日本政府和民间的共同出资设立的，原本是为中小企业提供融资的半官半民性质的政策性金融机构，然而其从2008年10月开始实行股份公司化改制，目前已完全民营化。从设立到现在的80年时间里，一直向支撑日本经济基础的中小企业提供融资，可以说是面向企业法人融资的专业机构。商工中金有着贷款利率低、期限长、出现亏损时可以向日本政府申请补贴等好处。截至2014年3月，该金库的融资余额为9.5万亿日元。

（4）中小企业投资育成有限公司。中小企业投资育成股份公司最初是1963年由国家出资，在东京、大阪、名古屋设立的半官半民性质的特殊法人，但现在是被民间法人化了的进行投资活动的股份公司，属于民间金融机构。本着促进中小企业自我资本的充实、促进其健全的成长发展为目的，为那些在资本市场上筹措资金困难的中小企业进行投资。其投资育成对象为资本金在3亿日元以下的公司，通过持有其股份来对其提供资金等的支持。

3. 担保支持体系

日本的担保体系是一种双重的担保融资模式，其特点可以归纳为政策资金支持、宽松的担保条件、专门的金融机构。日本中小企业信用担保体系结构机制如图2－1所示。

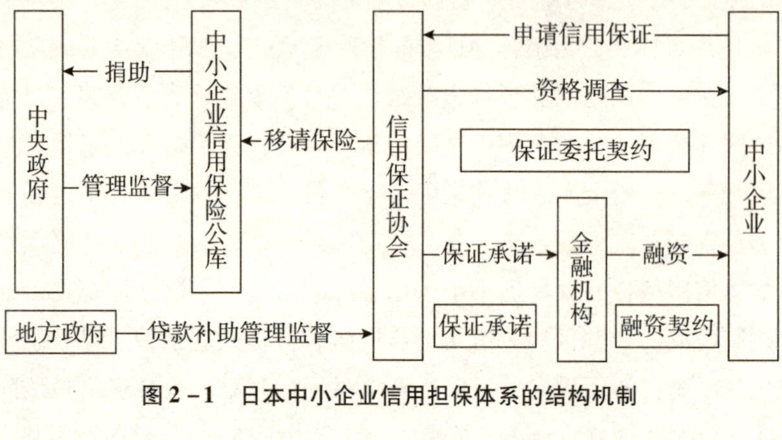


**图2－1　日本中小企业信用担保体系的结构机制**

（1）政策资金支持。1958年根据《中小企业信用保险公库法》，中小企业信用保险公库成立，日本政府对其提供全额资本金，1999年该公库被纳入该年成立的中小企业综合事业团。日本地方性信用保证协会目前有52家，遍布各都道府县。资金来源于中小企业金融公库、地方政府、公共社团和金融机构捐助以及借入资金。从资金来源的组成来看，公共资金占比约80%，在外部资金中所占比例相当高。2008年9月，日本政府批准总额4000亿日元（约合365亿美元）的贷款担保计划，该计划使得中小企业更容易获得银行贷款。

（2）宽松的担保条件。相比于美国、韩国的信贷担保条件，日本信贷担保条件尤为宽松。只要符合中小企业标准和国家产业政策，有实际业绩的中小企业均能获得担保机构服务。

（3）专门的金融机构。担保机构都通过“政策性资金，市场化运作”方式支持中小企业信用担保，即通过中介机构——公库和信用保证协会，进行商业化的运作，不直接参与经营担保业务。

1937年日本就成立了地方性的东京都中小企业信用保证协会，1958年成立了全国性的日本中小企业信用保险公库，为信用保证协会担保的贷款提供保险。信用担保协会的主要职责是根据中小企业信用保证申请，审查财务和经营状况、对其还贷能力、贷款风险等进行评估，确认其是否符合担保资格，进而进行贷款担保，后由合作金融机构予以贷款。而信用保证协会向中小企业信用保险公库缴纳大约担保费用收入的40%作为保险费，申请保险，用以分担业务风险，一旦出现代偿，保险公库承担70%的代偿金。除中央政府和有关部门的金融支持措施外，日本都道府县以及市町村等地方自治体也建立了帮助中小企业获得融资的平台和渠道，为辖区内中小企业提供多层次、多渠道的金融服务。

**4. 资本市场支持体系**

日本共有东京、大阪、名古屋、福同、札幌、广岛、福冈、京都八个证券交易所，各交易所的市场一部主要面向大型企业，交易所的市场二部主要面向中小企业，即二板市场。各家证券交易所均成立了创业板市场，分别是新JASDAQ市场、Centrex市场、MOTHERS市场、Q－Board市场和Ambitious市场，为未达到一部和二部交易条件的高科技企业提供交易场所。其中，新JASDAQ市场分为以经营业绩为基准的“standard市场”和着眼于企业成长性的“Growth市场”。截至2016年4月12日，两家市场有近800家公司上市，在上市审查基准上“Standard 市场”和“Growth 市场”基本一致，条件均较宽松，例如“净资产”这一项，“Standard 市场”要求达到 2 亿日元以上即可，而“Growth 市场”仅要求是正数。

## 三、韩国科技金融实践

### 1. 政府支持体系

（1）成立非营利的金融机构——中小企业振兴公团。1996 年韩国政府为了促进本国中小企业发展成立了韩国中小企业厅，是韩国中央行政机关。韩国中小企业振兴公团是隶属于韩国中小企业厅的非营利性社团组织，是针对韩国中小企业的综合援助机构，是由政府全额拨款设立的，其主要职责是提升韩国中小企业的国际竞争力，提供政策资金支持、企业诊断、技术支持、营销、国际合作、人才培养等各类支援，目前该机构已在我国青岛、四川、沈阳等多地设立机构，促进中韩中小企业国际贸易发展。

（2）提供优惠利率的政策性贷款。韩国根据国家或地区产业政策的需要向重点行业的中小企业提供优惠利率的政策性贷款，并将商业银行对中小企业的贷款额作为其再贷款优惠利率的考核指标之一，对不同类型的商业银行制定了相应的中小企业贷款最低比例，其中全国性商业银行为 45%，地方性商业银行为 60%，外国银行分行为 35%，以促进商业银行贷款，培养有潜力的中小企业。政策性贷款作为政府以低息向企业提供资金支持的一种重要手段，是经由银行或技术金融公司等金融机构实施的。据统计，韩国财政经济部、产业资源部等 12 个政府部门曾设立了 91 种政策性基金，如用于支持中小企业出口和科技创新的小企业创业基金，用于中小企业结构调整、技术开发的中小企业结构调整基金等，其额度每年约 4. 9 万亿韩元（约合 310 亿元人民币）。

（3）制定相关的政策法规。韩国于 20 世纪中叶颁布《技术开发促进法》，开启了政府支持科技创新的步伐，为突破融资渠道不畅的瓶颈，韩国 20 世纪 80 年代以来出台了《中小企业创业支援法》，到 80 年代，提出了“科技立国”的技术发展战略，出台《尖端产业发展五年计划》，其支持是以政府支持为主。

（4）提供直接资金支持。韩国政府建立了电子工业振兴基金、国民投资基金、中小企业特别基金等，韩国《中小企业创业支援法》规定：中小企业成立两年后，可以通过地方政府的“地方中小企业培育基金”，申请年利息7%、期限8年的创业资金支持，此外韩国“中小企业振兴公团”也以同等的期限和利率条件，为中小企业提供资金支持。1970年韩国政府对R&D的投入为74亿韩元，1980年投入达到1055亿韩元，2010年为117298亿韩元。1970—2010年R&D的年均增长率为20%。韩国产业通商资源部2016年12月通过公布《2017年进军海外援助事业计划》称，韩政府2017年将加大对走向海外的韩中小和中坚企业的资金援助力度，相关预算投入达3729亿韩元，与2016年2878亿韩元相比，金额增加了29.5%。此次公布的相关预算，主要用于中小和中坚企业的出口咨询、海外展示会、获得海外出口标准认证、出口研发等海外出口、市场营销等项目。新设了企业需要的出口担保资金1258亿韩元，由企业自由选择。其方针即是，通过建立担保金体系，将企业需求度高、成果显著的项目重新编入产业部和中小企业厅的出口援助项目之中，加以综合运营的制度。与设置并运营的向世界主要国家和地区出口的孵化器项目相关的预算为105亿韩元，对韩国企业的出口孵化器办公空间、营销、法律、会计咨询、定居支援等提供服务。用于入驻海外购物商城等电子商务的出口援助资金为99亿韩元。用于国内材料配件企业进入全球价值链（GVC）项目的援助项目资金为55亿韩元。同时，韩政府还编制了用于向培育有出口前景的消费品项目提供44亿韩元资助、对利用韩流进行海外营销援助项目提供88亿韩元等的预算案。

**2. 金融机构支持体系**

成立政策性银行。1961年8月韩国政府出资设立中小企业银行，主要目的是扶持中小企业发展，为中小企业提供融资。该银行承担的重要职能是发放根据各种安排或计划为中小企业提供的专项贷款，鼓励中小高科技企业投资生产设备，开展研发活动。韩国中小企业银行是目前世界首家以支持中小企业为目的，由政府出资设立的国有政策性银行，针对韩国中小企业的贷款规模占全部贷款的70%以上。目前，其在中国有天津、青岛、烟台、沈阳、苏州、深圳、武汉等13家营业网点。

**3. 担保支持体系**

韩国中小企业担保体系主要由全国性信贷担保体系和地方性信贷担保体

系构成。全国性信贷担保体系代表性的有韩国信贷担保基金、韩国科技信贷担保基金、韩国信贷担保基金联合会。除了这三大担保体系，韩国还有大小16家由地方政府和金融机构出资设立的地方性信贷担保基金，主要对当地规模小的企业提供融资，弥补韩国信贷担保基金不能涉及的空缺。

（1）韩国信贷担保基金。1976年根据《信用保证基金法》成立的韩国信用保证基金组织（KCGF），自成立起一直是韩国最大的信用保险机构，2002年信用保险业务量排名全球前五名，同时还是韩国最大的资信提供者，是全国性的信用保证机构。该组织由政府和金融机构共同出资，资金占比分别为60%和40%，业务重点一是为缺少有形担保物的企业提供担保从而促成对企业的融资，二是通过有效的资信管理建立完善的信用体系，其最终任务是为发展国民经济做贡献。

（2）韩国科技信贷担保基金。1988年12月《韩国信贷担保基金法》修改后，韩国科技信贷担保基金从韩国信贷担保基金中分离出来，为采用新技术的企业提供特别的金融服务，同时满足信用担保业不断增长的竞争要求。它主要提供的服务包括：全国网络化的技术鉴定；提供顾问服务，帮助企业克服管理和技术上的障碍；为企业提供技术转移的扶持服务。

#### 4. 资本市场支持体系

韩国科斯达克（KOSDAQ）市场设立于1996年7月。已成为世界上发展较为迅速、交易较为活跃的创业板市场。科斯达克将企业划分为四种类型：风险企业、非风险企业、共同基金和国外企业，分别适用不同的上市标准。其中风险企业的上市标准比非风险企业低。市场分类监管和重点监管等手段的执行为科技企业搭建了直接融资平台并促进市场健康持续发展。截至2014年年末，在KOSDAQ上市的企业有1030家，总市值达到142万亿韩元，在世界中小企业市场中指数表现居世界第二位。2013年韩国政府再次创设了创业初期中小企业专用市场KONEX，开始后上市企业数翻5倍，市值翻9倍，风险资金能够实现良性循环。

## 四、德国科技金融实践

在德国，企业是最活跃的创新主体，其科研投入占全国总量的70%。截至2013年年末，德国大约有3.6万家研发型企业和超过12万家创新型企业。

德国中小企业创新的高度活跃，与德国政府重视科技创新、综合运用财政杠杆和金融杠杆以及法律、社会化信息和培训等中介服务支持中小企业进行科技创新是分不开的。

**1. 政府支持体系**

（1）政府投入加大。近年来，德国政府投入研发领域的资金稳步增长。2012 年，德国政府研发投入为 140 亿欧元，2015 年约 149 亿欧元。最新数据显示，2016 年德国联邦政府的研发资金支出高达 158 亿欧元，较十年前增长 70%。与此同时，德国政府以财政资金为杠杆，带动风险投资等社会资本进入科技领域。政府在资金投入上力求形成杠杆效应，设定的杠杆效应目标为 1∶5，即 1 欧元联邦政府资金投入带动 5 欧元产业界资金投入。

（2）众多的政策性专项扶助项目。为增强中小企业科研创新的融资能力，促进企业与院校之间的创新合作，德国联邦政府以及地方政府先后实行了众多的创新计划。

2005 年在《高技术战略》框架下德国政府启动了高科技创业基金（HT-GF），该基金由联邦经济技术部主导，德国复兴信贷银行与知名企业集团辅助共同成立。基金以信息通讯技术、生命科学、自动化与电子技术等七大领域为重点，为处于研发初期、存在高风险的科技企业提供资金。2006 年，德国联邦政府通过了“60 亿欧元科研发展计划”项目，对信息技术、生物技术、航天技术等领域给予专项资金支持，同时为中小企业的技术创新提供资金保障。2007 年，德国联邦教研部实施中小企业创新项目计划，推动中小企业积极参与新型公共安全技术、服务等方面的研发活动。2008 年政府经济技术部成立了中小企业创新核心项目，支持中小企业与科研机构的合作。2009 年启动了东部创新能力计划，以市场为导向，促进基础研究的成果应用。此外，还有诸如联邦经济技术研究基础设施项目、天使投资新投资补贴目标等一系列由政府主导完成的政策性辅助基金项目。

除了联邦政府制定的这些中小企业创新项目外，德国地方政府也制定了一些符合本地实际的资助中小企业项目计划。如巴伐利亚州制定针对本州新材料、航空航天、机械等领域的中小企业扶持计划，还有支持教育与创新，涉及能源、信息安全等技术领域的“巴州突破计划”，等等。

（3）制定相关的政策法规。德国政府通过颁布法律法规为企业技术创新营造外部环境。德国在各州有各具特色的《中小企业促进法》，目的是为了各州的科技型中小企业根据当地特点、特殊情况，做到因地制宜，提高企业技术创新能力。2006 年，德国联邦政府制定了《国家高技术发展战略》，目标是确保德国科研水平和经济竞争力在世界的领先地位，实现生物、能源、医药等领域科技成果的快速转化。德国政府早在 1977 年就制定了《联邦政府关于中小企业研究与技术政策总方案》，1978 年颁布《中小企业研究和发展工作设想》，1997 年颁布《联邦政府中小企业研究与技术政策方案》，为中小企业高新技术研究和新产品开发提供政策支持，提高中小企业科研、技术开发和技术革新的能力。

**2. 金融机构支持体系**

在德国有着完备的为中小企业融资服务的金融体系。例如以复兴信贷银行为代表的政策性银行体系，以储蓄银行为代表的公立银行体系，以合作银行为代表的合作制体系，这些银行差异化定位，为中小企业提供全方位的服务。

（1）德国复兴信贷银行。德国复兴信贷银行于 1948 年依据《德国复兴信贷银行法》设立，目前由 1 家母公司和 6 家子公司组成。作为政策性银行，德国复兴信贷银行享受政府贴息政策，为中小企业、特别是中小科技企业发放中长期贷款。德国复兴信贷银行下设的中小企业银行已成为德国复兴信贷银行最大的业务领域，约占全部业务总量的 1/3（国内业务总量的 1/2），其融资产品主要有低息贷款、次级贷款融资、股权融资等。2014 年，中小企业银行发放贷款总额达到 199 亿欧元。

（2）储蓄银行。德国储蓄银行有 200 多年的历史。储蓄银行分布比较广泛，德国每个地区（一个城市、一个区县或一个乡镇）都有一家储蓄银行，管理着一个分支机构网络，目前集团化经营，有 415 家以零售业务为主的支行，占有德国市场 50% 的份额。当地居民和政府成立储蓄银行的初衷是为低收入人群提供安全的储蓄机构。

储蓄银行只能在其所属的市区或行政区域里开设分支机构，开展业务，因此具有区域性特点。储蓄银行对客户的前景和信誉非常了解，与很多客户维持长期业务关系。这是总部远离当地的其他银行所不具备的优势。储蓄银行的贷款业务涉及中小企业、个体户等广泛客户，银行使用包括内部标准化评级等多种方法评估贷款所需条件及其风险，评级工作已经程序化，有些甚至可以当场给出评级，这些做法在很大程度上降低了储蓄银行的信贷风险。储蓄银行并没有像大多数银行那样参加存款保险制度，而是在1973年实行“共同责任计划”，实现储蓄银行之间的互相担保，建立互保与危机应对机制。

（3）合作银行。合作银行由1家中央合作银行，3家区域性合作银行以及2500家地方合作银行及18700个分支机构组成，采取会员制形式，其核心在于促进其会员的经济活动。与公立银行相比，其服务对象的规模要更小一些，主要是小微企业，因此放贷多为额度较小的短期贷款。

**3. 担保支持体系**

目前，德国融资担保体系分三个层次。第一个层次是德国担保银行体系，第二个层次是州政府，第三个层次是联邦政府，分别为不同额度贷款提供担保服务。其中担保银行是推动小微和创业企业的主要促进机构，它为中小企业贷款提供不高于总额80%的贷款担保。

德国担保银行成立于1954年，目前共有20家担保银行，包括2家联邦政府担保银行、13个州立担保银行，每个州至少有1家担保银行，业务限定在本州范围之内。担保银行的发展得到政府多方面的支持，主要包括无须缴纳企业所得税、政府为担保银行的贷款担保提供再担保、其中州地方政府承担26%，中央政府承担39%。担保银行实际上仅承担整笔贷款28%的损失。政府为担保银行提供低息贷款。此外，德国政府规定如果担保银行将新增利润投入担保业务将能享受税收优惠。担保银行的风险分担机制是德国担保体系得以运行良好的关键因素。在德国政府的支持下，担保银行的信用担保业务改善了商业银行的收益风险匹配和中小高科技企业的融资环境，完善了商业银行融资体系，促进了德国中小企业，特别是中小高科技企业的发展。特里尔大学的一份研究报告显示，担保银行为德国国内生产总值的增长平均每年贡献34亿欧元，对中小企业的融资促进作用为财政税收每年增加10亿欧元，是运营成本和风险支出的7倍。

**4. 中介支持体系**

（1）发挥商会作用。德国政府要求该国工商企业必须加入工商会并且缴纳会费，工商会则提供信息共享以及职业培训等中介服务，具体包括法律评估、技术咨询、信用证明、行业自律等，并按规定对入会企业相关岗位工作人员进行定期的职业教育培训，对有关信息的更改变动予以快速、准确的告知。

（2）发挥协会作用。协会成立的指导思想是帮助各个行业的中小企业开展研发活动。柏林 AIF 工业发展研究协会就是德国最有影响力的技术中介组织之一，它下属 100 多个工业界的行业协会，50000 多家企业。联邦政府通过 AIF 协会促进研究成果尽快地在实际中使用，企业也得助于技术转让。没有协会的支持，企业很难从相关的大学和研究单位获得技术支持，也无法取得政府相应的政策支持和经济补贴。

综上所述，各国在推动科技中小企业发展过程中，分别结合本国实际情况，形成了特定的模式。例如资本主导的美国模式，银行主导的日本、德国模式，政府主导的韩国模式，等等。在不同的模式中，仍有许多共性可循：首先，均成立专门面向科技中小企业的金融机构或金融部门，例如美国的硅谷银行、德国的复兴信贷银行等；其次，各国都建立了面向中小企业的资本市场，虽然建立时间有早有晚，但从发展情况看，中小企业市场发展均比较迅速；最后，各国政府都采取各种措施支持科技中小企业的发展，例如颁布政策法规、提供政府资金支持、成立专项项目助力中小企业发展等。

## 第二节　国内科技金融发展现状

近年来，国家先后出台多项方针政策促进科技企业发展，例如国务院办公厅《关于促进金融租赁行业健康发展的指导意见》、国务院办公厅《关于加快融资租赁业发展的指导意见》、中国人民银行等十部委发布的《关于促进互联网金融健康发展的指导意见》、国务院《关于大力推进大众创业万众创新若干政策措施的意见》、国务院《关于加快科技服务业发展的若干意见》、国务院办公厅《关于强化企业技术创新主体地位全面提升企业创新能力的意见》《关于妥善解决地方政府融资平台公司在建项目后续融资问题的意见》，等等。多项政策的出台，引领各地政府积极采取措施，促进科技企业的快速发展。

### 一、中关村科技金融实践

2009 年 3 月，国务院批复中关村科技园区建设国家自主创新示范区（以下简称中关村示范区)，重点在深化科技金融改革创新等方面先行先试。此后，中关村初步建成了“一个基础、六项机制、十条渠道”的科技金融体系，为全国起了建设性示范作用。

1. 政府支持体系

(1) 突出政策导向。中关村先后出台了《中关村企业信用星级评定管理办法》《中关村创业投资风险补贴资金管理办法》《中关村瞪羚计划》《中关村展翼计划》《中关村并购支持资金管理办法》《中关村支持企业改制上市资助资金管理办法》《中关村企业担保融资扶持资金管理办法》《中关村中小企业信用贷款扶持资金管理办法》《中关村科技园区企业担保贷款扶持资金管理办法》等诸多规章制度及办法，促进了科技与金融的有效融合。

(2) 加大资金支持。政府给予银行、担保机构和创业投资机构一定的风险补贴，发挥财政资金在降低风险环节的杠杆作用，提高金融机构的风险管理能力，促进其向更多的科技企业发放贷款。补贴额为企业实际投资额的10%，单笔补贴不超过100万元，一家企业每年补贴不超过200万元。

2. 信用保障体系

2003年7月，中关村信用促进会成立，园区企业、行业协会组织、银行、担保机构和信用中介机构等多家参与，依据《中关村企业信用星级评定管理办法》，突出了信用产品在银行信贷决策和风险管理中的作用，对于信用良好的企业，其积累的信用等级越高，对其利息补贴比例越大，星级企业给予20%～40%的贴息比例。此外，中关村还成立了类似的科技担保机构，精选信用评级机构，与北京银行、工商银行等银行签订了“见保即贷”的绿色通道贷款协议。结合信用保险的风险保障、融资推动的特点，为高技术企业尤其是中小企业提供服务，构建高效、低成本的担保贷款通道。

3. 金融支持体系

(1) 创新信贷产品。2006年，科技型中小企业知识产权质押贷款试点在中关村率先开展。

(2) 开辟绿色通道。中关村实施了“瞪羚计划”，即对那些犹如瞪羚一样活力充沛、跳得又快又高的高成长的科技型中小企业，实施融资政策方面的支持，为他们开辟担保贷款的“绿色通道”。此外还有“留学人员创业企业”“软件外包企业”“集成电路设计企业”等各具特色的贷款担保绿色通道，有效解决处于快速成长期企业的担保难、贷款难问题。

（3）成立特色支行。北京银行专门成立了首家科技型中小企业特色支行——中关村海淀园支行，设立了“小巨人”团队，推出科技与金融相结合的金融创新产品，多种融资方式组合并举，为不同发展阶段的科技型中小企业提供全方位的高效金融服务。据统计，2016 年上半年，北京银行业累计向 2965 户次中关村高新技术企业发放信贷 1683.11 亿元。截至 2016 年 6 月底，北京银行业机构在中关村国家自主创新示范区内设立银行网点 823 个、中关村分行 3 家、特色支行近百家，银行网点密度超过全市均值 7 倍以上。

**4. 资本市场支持体系**

2006 年 1 月，为落实国家自主创新战略、推动科技型企业借力资本市场发展，中关村代办股份转让试点正式启动，它是一个以证券公司及相关当事人的契约为基础，依托深圳证券交易所、中国登记结算公司的技术系统和证券公司的服务网络，其主要功能是为非上市股份有限公司提供股份转让和股权私募服务，中关村代办股份转让系统的运行取得了较为丰硕的成果，经推广应用，截至 2013 年 1 月，全国代办股份转让系统正式运行，系统已逐步成为非上市股份公司股权顺畅流转的平台、创投与股权私募基金的聚集中心、多层次资本市场上市资源的“孵化器”和“蓄水池”，在规范公司治理、促进股票转让、价值发现、实现直接融资、信用增进方面发挥作用。可以说正是中关村试点的成功，推动了全国代办股份转让系统的发展。

**5. 中介支持体系**

（1）促进信用增级。中关村企业信用促进会是针对高技术企业信用保障机制缺失的问题由中关村高新技术企业、为企业服务的金融机构、担保机构、信用中介机构、信用保险机构及其他机构等联合发起设立的非营利性的企业信用自律社团组织，为高技术企业对接银行、政府与创投公司提供信用支持和信用服务。这一组织通过信用建设和信用增级，监督企业守信，促进企业信用水平的提高，并建立了以政府专项资金为主体的信用担保基金，打通高科技产业的信用融资通道。该促进会成立了信用服务、认证服务、会计审计、金融服务、生物医药、节能减排、电子信息、新三板、法律服务 9 个行业专业委员会，为中关村企业开展全方位的服务，推动中关村信用体系建设不断创新发展。

（2）提供融资服务。中关村产业金融服务协会是为企业提供融资服务的机构，比如北京创业投资协会等。这些协会直接参与企业科技金融的设计和规划，提出贷款绿色通道、创业投资等方案，基于现实条件和客观需求积极寻求有效的金融解决方案。

（3）加强上市公司服务。中关村实施“一企一策”政策，安排专业人员帮助对口企业加强和上市公司的联系，联合深圳证券交易所，共同建立中关村资本市场投资者互动平台，借此平台宣传企业创新文化，披露企业的基本信息，建立上市公司和机构投资者、新闻媒体之间的沟通渠道，积极开展“走进中关村”系列活动，邀请基金经理、投资顾问、证券分析师和专业媒体进入园区，提升上市公司投资价值。

## 二、上海科技金融实践

### 1. 政府支持体系

（1）制定相关政策。为加强政策保障和平台建设，上海市先后发布《关于加快建设具有全球影响力的科技创新中心的意见》《关于促进金融服务创新，支持上海科技创新中心建设的实施意见》《上海市张江高科技园区科技孵化及加速发展扶持办法》《上海市天使投资风险补偿管理暂行办法》《上海市优秀科技创新人才培育计划管理办法》《关于进一步促进科技成果转移转化的实施意见》《关于推进本市小微企业融资服务平台建设的指导意见》《上海市科研计划专项经费管理办法》等，从加快高新技术产业化、促进知识产权质押融资、推进中小企业上市、发展天使投资、互联网金融、科研成果转化、人才培养、服务平台建设等方面出台了一系列科技金融政策，提升上海科技金融中心的影响力、辐射力、创新力和资源配置能力。

（2）提供资金支持。一是设立财政专项资金，以投资参股的方式参与商业性融资担保机构的运作，以支持和引导各类商业性融资担保机构不断扩大资本规模，逐步放大融资担保资金倍数，增强担保能力。上海早在 2010 年就由市财政安排 50 亿元专项资金促进科技金融结合，包括以 10 亿元的市级财政专项资金投资参股商业性融资担保机构，支持和引导上海市商业性融资担保机构做大做强。二是安排科技信贷风险补偿金，对面向国家级创新园区内的科技型中小企业发放的贷款所发生的超额不良贷款净损失，在相关银行实施尽职审查的前提下，由科技信贷风险补偿资金负担50%的风险损失；2010年上海设立20亿元的科技信贷风险补偿金，帮助商业银行提高张江高新区、紫竹高新区和杨浦国家创新型城区等区域内中小科技型企业的“信贷坏账容忍度”。三是设立投资专项资金，与商业银行联合开展“投贷”“投保”联动试点，并积极探索有利于降低商业银行信贷风险损失的良性循环机制。2010年上海设立10亿元的投资专项资金与商业银行的“投贷”“投保”联动机制，支持和引导商业银行加大对中小企业的信贷倾斜力度。此外，还积极探索提高财政科技资金使用效益的方式和途径，通过“拨改贷”“拨改投”“拨改补”“拨改保”“拨改奖”等多种方式，积极引导和支持银行、创业风险投资、保险等各种资金投入，促进科技成果转化和产业化，支持科技型中小企业和战略性新兴产业发展。

**2. 金融机构支持体系**

（1）成立科技银行及科技支行。2012年8月15日，中国第一家专注于服务科技创新产业的合资银行浦发硅谷银行在上海成立。它是中国首家拥有独立法人地位、致力于服务科技创新型企业的银行。2015年，该行开通人民币业务，其人民币存贷款业务规模大幅上升。此外，上海科技金融专营组织和专业团队取得突破，截至2015年年底，辖内已确定11家科技金融重点转型机构，共有7家科技支行、68家科技特色支行，另有6家机构设立了专属的科技金融部门，科技金融从业人员1460人。

（2）成立民营银行。在“引导民营资金成立民营银行”方面，目前上海已经取得初步成效。上海华瑞银行作为首批试点设立的五家民营银行之一，根据上海市“科创中心”建设的政策导向，将积极服务科技创新作为自身战略定位之一。该行坚持以资产管理为主线，创新金融服务能力；以大数据征信为基础，创新风险控制能力；以“互联网+”为引领，创新技术应用能力，互联网创新服务取得实效。例如，该行在线供应链产品自2016年10月投产以来，已累计为超过50家小微企业提供3.5亿元的贸易融资。

（3）设计科技金融专属产品。上海市通过与保险、担保相关金融机构的合力创新，出台了更适合科技创新型中小微企业发展全过程的“3+X”科技信贷体系：三大核心科技信贷产品即微贷通、履约贷、信用贷，“X”即知识产权质押融资、创投贷、融资租赁等产品，满足初创期、成长中早期、成长中后期不同阶段科技企业的需求。截至 2015 年年底，辖内机构共为 4820 户科技型中小企业提供表内外授信 710 亿元。其中仅“投贷联动”模式就为 105 户早期型科技中小企业提供融资，余额达 10.2 亿元。

**3. 中介支持体系**

（1）搭建科技金融信息平台。破解科技型中小企业融资难，核心就是建立连接科技型中小企业、平台服务商、金融机构的合作利益链条。上海启动科技金融信息服务平台建设，与 15 家银行、31 家投资公司、8 家投资咨询服务机构共 54 家金融机构建立了合作关系，构建了集聚合作银行、保险公司、创投机构、券商、中介机构等各类科技金融资源及各级政府部门政策资源的综合性、“一站式”的科技金融服务载体，组建了涵盖“科技金融专员”队伍、“辅导专家”队伍、“科技信贷员”队伍逾百人的人才队伍，为科技金融供需双方对接搭建了桥梁。

（2）成立互联网金融协会。上海市互联网金融行业协会，是经上海市社会团体管理局批准，在上海依法登记注册的全市性非营利社会团体法人。协会以促进会员单位实现共同利益为宗旨，为会员单位提供各种与互联网金融相关的业务咨询与政策咨询，维护会员单位的合法权益，组织会员参加本协会组织的各类培训、讲座和沙龙活动，为会员单位进行多方面的服务。

（3）成立上海网贷联盟。上海网贷联盟（上海市网络信贷服务业企业联盟）成立于 2012 年 12 月，是国内首家网络信贷服务企业联盟。联盟目前吸纳成员 37 家，以提高市场透明度，让投资者了解风险，降低市场风险，合作进行反洗钱监控，协助成员交换技术经验为宗旨。网贷联盟的成立助推中国中小企业和个人融资体系的建设，建立规范、透明、风险可控的网贷市场体系，将信用风险控制在合理的范围内，逐步降低融资成本，为中小企业和个人提供一个安全、高效、经济的融资渠道。

**4. 资本市场支持体系**

（1）打造 E 板、Q 板市场。上海股权托管交易中心目前已形成“一市两板”的格局：在一个市场——上海股权托管交易中心中形成非上市股份有限公司股份转让系统（“转让系统”“E 板”）、中小企业股权报价系统（“报价系统”“Q 板”）两个板，为不同类型、不同状态、不同阶段的企业找到适合企业发展的位置，得到相适的服务。上海股交中心非上市股份有限公司股份转让系统（即E版）是指在上海股权托管交易中心中形成非上市股份有限公司股份转让系统。E版旨在为股份公司提供：股份转让、股权融资、债权融资（股份质押贷款、信用贷款、私募债）等融资功能，针对净资产500万元以上、可以做IPO股改的中小企业。Q板是上海股权托管交易中心针对解决小微企业融资难困境，在2013年8月7日发起的一个全新交易平台。凡是挂牌的小微企业，可以通过这个平台定向增资扩股，或参与发行私募债等模式进行融资，目前挂牌的101家小微企业，其中不少注册资本只有5万元。

（2）打造科技创新板。2015年12月，科技创新板诞生在上海股交中心，在大众熟知的沪市、深市、创业板外，新三板市场日渐火热，而股交中心也已有Q板和E板，“多层次资本市场”又丰富一个层级。在“大众创业、万众创新”的背景下，技术与资本需要更有效对接，科创板正是要打造这样一个平台。据悉，科创板首批挂牌的27家企业分布在互联网、生物医药、新材料、再生资源、3D打印等13个新兴行业，已获得发明专利60多项、软件著作权100多个，其中16家已获得高新技术企业、“专精特新”“小巨人”等相关称号，可谓突出了“大众创业，万众创新”的特点。

## 三、天津科技金融实践

近年来，天津市科技工作取得了长足进步，综合科技水平继续位居全国第三位，截至2015年6月，全市科技型中小企业达到2.9万家，占全市企业比重达13%，产值约占全市工业产值的30%，其中科技小巨人企业达到1540家。

### 1. 政府支持体系

（1）制定相关政策。为了解决科技型中小微企业轻资产、无担保，完全依靠财务指标和担保抵押来申请贷款等融资困境，天津开展了一系列实践，从政策层面定调支持，到金融机构提供支撑，再到配套措施辅助补贴，五年时间里，围绕科技金融发展，天津市已出台了十余项支持政策，包括设立风险补偿资金、天使投资和创业投资引导基金、科技成果转化引导基金等，鼓励金融机构开展科技信用贷款、科技保险、科技担保等创新业务，在此背景下，对科技型中小企业的信贷支持呈现出倍增态势。

（2）设立专项资金。天津市以科技型中小企业技术创新基金和“天使资金”的支持方式，探索了财政资金支持初创期企业的方式，探索科技成果转化引导基金投入新模式，形成对科技型中小企业持续的资金支持，创新“创投资金”投入模式，充分放大财政资金设立的创投资金对社会资本的撬动效应，创新了财政资金引导商业资金大规模支持科技型中小企业发展的新模式。2015 年，共有 154 家科技型企业完成股改，80 家实现在新三板等各类资本市场挂牌，已累计发放科技型企业股改补贴资金 1260 万元。同时，317 家企业参与备案，建立了强大的拟股改企业后备库，旨在为今后的股改奠定基础。

**2. 金融机构支持体系**

（1）打包贷款实现良性运作，财政科技投入成倍放大。截至目前，天津市已有 27 家商业银行为科技型中小企业设计了专门的针对性产品，产品数量达到 160 余种。此外，天津市科委还建立了财政科技资金与商业金融资金互动机制，通过科技计划项目与商业银行结合的打包贷款模式，为列入天津市科技计划支持的科技型中小企业提供无抵押、无担保的小额贷款支持。根据天津市金融工作局的统计，截至 2015 年 9 月末，天津市科技型中小企业贷款余额 2275 亿元，是 2011 年年末的 3 倍。

（2）搭建科技企业与资本快速、直接的对接渠道。在促进科技与金融深度结合方面，不少银行相继设立了科技金融专营机构，包括科技支行、科技金融事业部等，为企业提供一站式专业化金融服务。其中，浦发银行总行级科技金融服务中心已落户天津，给予了天津分行在科技金融方面更多的资源倾斜。

**3. 资本市场支持体系**

（1）搭建了知识产权融资平台。2011 年，天津滨海国际知识产权交易所经天津市政府批准设立，这是国内首家专业化、市场化、国际化的公司制知识产权交易服务机构，促进知识产权公开公正有序交易，拓宽知识产权融资渠道，促进了中小企业发展。2015 年国家知识产权局批准天津开展知识产权质押融资试点工作，作为唯一入选的直辖市，试点启动当天，天津 7 家银行与 13 家企业签署了 8820 万元的专利权质押贷款合同。

（2）建立了信用共同体。天津信用服务业快速发展，初步形成了信用评级、信用担保、信用征信、动产融资登记等多种业态并存发展的良好格局，形成了具有全国影响力的本市评级机构品牌。

以征信机构和评级机构为代表的信用服务机构向社会提供了多样化、多层次的信用服务产品，政府部门在行政审批、市场准入、资质审核等方面带头使用信用报告等信用产品，市场化的信用服务广泛应用于小微企业融资、信用担保、消费信贷、商业交易等经济活动。依托中国人民银行征信中心建设的动产融资统一登记平台，推动形成全国集中统一电子化动产权属信息登记平台，能够公示动产权属状况，防范信用风险，扩大企业动产融资担保信息及其他商务信用信息的透明度与覆盖面。推动诚信履约、公平竞争市场秩序的形成。营造了良好的社会信用环境，全社会诚信意识和诚信水平不断提高。2014 年 10 月，天津市市场主体信用信息公示系统建成并上线运行，拓展了市场主体信用信息来源和归集渠道，实现了行政机关信息共享与社会开放查询，为落实“一处违法、处处受限”的信用监管理念奠定了基础。

**4. 中介服务体系**

（1）开通了科技企业投融资服务网，实现线上线下对接渠道的有机结合。早在 2011 年，科技企业投融资服务网正式开通，其依托天津市科技型中小企业服务网现有的软硬件网络环境，以科技型中小企业信息为核心，实现科技型中小企业与金融机构网络对接功能；搭建常态化的投融资对接服务平台，形成企业在线申请融资、加盟服务机构在线处理、科技金融促进会在线监督管理的网络化服务模式；实现信息发布、互动咨询、业务管理等功能，从而形成整合科技、金融资源，共同打造科技型中小企业投融资服务平台。

（2）搭建了系列贷款服务平台。天津市在原有高新技术成果转化中心贷款平台基础上，搭建了天津市科技金融促进会、天津科技融资控股集团、科技金融对接服务平台等一系列贷款服务平台，帮助科技型中小企业的贷款申请受理、筛选、调查、审查、报批、跟踪管理。

（3）开展了科技企业与银行对接培训活动。截至 2016 年 12 月，天津市共成立了包括北辰区科技企业融资服务中心、东丽区科技金融对接服务平台、武清区科技金融超市等在内的共 18 家天津市科技金融对接服务平台，定期开展银企对接、洽谈、培训、路演等科技金融服务活动。为了推动科技型企业加速成长，2015 年天津市科委开始举办“金桥之友”科技金融银企对接活动，首次路演项目的融资意向达 8000 万元。此外天津市还成立了天津科技金融服务有限公司、天津科技成果转化投资服务有限公司、天津市高新技术成果转化中心、天津市科技金融促进会、天津科技融资控股集团有限公司、天津市创业投资协会、天津市创业投资发展中心等多家机构助力天津科技金融发展。

## 四、杭州科技金融实践

科技与金融的有机结合是促进科技研发、成果转化和产业化，提升产业创新活力的必要条件。杭州市在推进科技强市和创新型城市建设进程中，围绕提升自主创新能力，促进科技产业化，积极推进科技金融创新与实践，在设立创业投资引导资金、推出天使担保、成立杭州市创业投资服务中心和设立科技银行，在创新科技金融结合方法上取得了较大进展，逐步形成了支持自主创新的科技金融政策的初步体系，为全国各地推进科技金融创新提供了借鉴。

### 1. 政府支持体系

（1）制定相关政策。浙江省及杭州市先后出台《小微企业三年成长计划》《浙江省人民政府关于进一步支持企业技术创新加快科技成果产业化的若干意见》《关于杭州市创业投资引导基金管理办法的通知》、杭州市人民政府《关于进一步加快我市社会信用体系建设的实施意见》《关于印发杭州市中小企业转贷引导基金管理办法（试行）的通知》等政策性文件，支持科技金融结合创新，促进科技企业创新发展。

（2）设立政策性基金。2008 年，杭州市引导基金成立。在实践过程中，杭州市引导基金的总规模为 10 亿元，其中 9 亿元用于阶段参股和各创投机构（GP）在杭州本地合作设立子基金。该模式由杭州市高科技创业投资管理公司作为受托管理机构负责运作；1 亿元用作跟进投资，与市场化的股权投资机构共同对杭州本地的初创期企业进行投资，该模式由杭州市金融投资集团全资子公司杭州泰邦创业投资有限公司负责运作。

至 2016 年 6 月底，基金总规模为 56 亿元，已获得市创投办批复的合作项目 40 个。蒲公英天使投资引导基金累计批复基金 25 家，规模 14.72 亿元。

政策性科技担保累计担保融资金融 68 亿元，支持企业超 1800 家次，为企业节约融资成本超过 1.5 亿元。科技型中小企业融资周转资金累计为 673 家（次），为企业提供融资周转资金超 40 亿元，节省企业直接融资成本超过 1

亿元。至2016年5月底，杭州美国硅谷孵化器直接天使投资孵化项目22个，总投资额305万美元，成功推动15家海外优秀高科技企业落户杭州或达成落户意向。

（3）加大资金支持力度。2015年，杭州制定出台了《杭州市科技型初创企业培育工程实施意见》，完成2015年科技型初创期培育工程（雏鹰计划、青蓝计划）企业评审工作，新认定雏鹰企业330家、青蓝企业83家。开展“雏鹰”和“青蓝”企业的绩效考核和贷款贴息工作，对287家企业贴息补助1861.94万元。

2. 金融机构支持体系

（1）建立科技金融专营机构。2009年7月，杭州银行成立科技支行，2013年借鉴科技金融服务经验，在杭州设立了专门服务文化创意产业企业的文创支行，为相关中小企业提供融资专项服务。该行根据科技型中小企业的特点，开始在浙江省内温州、绍兴、金华、嘉兴、湖州、衢州、丽水等地围绕地方产业结构转型升级和产业引导政策推行科技金融特色经营策略。

（2）开发创新型产品。杭州银行针对科技型企业高风险的特点，除与政府、担保公司等合作建立了“风险池基金”“孵化贷”“基金宝”模式外，还与创投公司合作推出了“银投联贷”“选择权贷款”模式。2010年，杭州银行科技支行创新“银投联贷”模式，紧密围绕创投挖掘客户，服务客户。2011年，科技支行推出“期权贷”业务，获得以期权为载体的企业成长收益。之后该行在“期权贷”的基础上创新了“选择权贷款”模式。考虑到科技型企业的高成长性，科技支行还开发了“成长可贷”系列产品。借鉴美国硅谷银行核心的期权贷款业务、银投联贷业务，推出了创新融资解决方案。同时，该行也在不断寻求降低担保的门槛方法，对于部分行业和特定的企业，开发、梳理并推进应用各类准信用贷款，推出了订单贷、存货质押贷款、收入贷、知识产权质押贷款、合同能源管理贷款等一系列量身定制的产品。截至2015年年末，杭州银行服务的科技金融客户数达到4005户，融资余额205.73亿元，客户数和融资余额近三年平均增长率分别为88.69%和57.22%，远高于其他企业客户群体和资产的增速。

3. 资本市场支持体系

创新债权融资机制。杭州市通过市、区两级联动，主要面向科技型中小企业，推出集合债权基金，基金规模已近17亿元。其中，杭州市发行“宝石流霞”和“满陇桂雨”等债权基金7亿元。在“集合债权基金”基础上，杭州市优化整合银行贷款资金、政府引导资金和风险投资资金，试水“中小企业信托集合债权”和“中小企业集合债券”，进一步为企业特别是中小企业降低融资成本。区、县（市）发行“平湖秋月”和“三潭印月”等债权基金10亿元。“平湖秋月”的成功运作不仅带动了杭州小企业的融资热潮，也为长期处于融资困境的中小企业带来了一条现实可行的新融资渠道。以中小企业集合信托债权基金的模式，带动社会各方参与，应该说是财政扶持企业的一种创新。既解决了中小企业融资中风险与收益不对称的问题，同时打通了社会债权融资这一广阔空间，具有资金放大效果明显、资金全部循环使用、绩效可确切评价的特点。此外，杭州“2011年度十大产业科技型中小企业集合票据发行方案”，以集合票据发行方式为企业融资规模达3亿元。

**4. 中介支持体系**

（1）成立创投服务中心。2008年7月，杭州市成立创投服务中心，专门为科技型中小企业提供投融资等全方位服务。截至2013年年底，服务中心会员机构累计达148家，其中投资机构103家，担保机构26家，专利、律师、会计师事务所等中介机构19家；共有超过40家会员机构整体入驻创投服务中心或设立办事窗口。

（2）组建科技企业孵化器。2014年杭州修订出台“科技企业孵化器管理考核细则”，加大孵化器认定和考核力度。组建杭州美国硅谷孵化器，与12家企业形成入孵硅谷孵化器意向。目前，全市已认定市级科技企业孵化器69家，其中国家级21家，省级32家，国家级孵化器数量位居省会城市第1位。全市孵化总面积达226.78万平方米，累计孵化企业8133家，在孵企业4336家。

**5. 担保支持体系**

（1）成立高科技担保公司。经杭州市政府批准，2000年杭州市高科技投资有限公司成立，“高科技”在广泛吸引海内外各类资金共同参与风险投资的基础上，已经逐步形成了投资主体多元化、资金来源多渠道化、运行机制市场化的风险投资和融资担保等投融结合的运行体系。除了最基础的担保业务外，为了更好地助力小微企业腾飞，高科技担保也在渐渐发展其他业务。比如开设企业服务平台，帮助初创企业得到信息资讯；开展与国内20余家知名创投机构的合作，实行“投贷联动”模式，帮助企业获得创投资金；开展“政府银行担保机构”风险共担的担保模式，建立“联合天使担保风险池”，等等。

如今，在种种业务的助推下，高科技担保已经支持了近2000家企业，担保融资约70亿元，放大财政出资35倍，同时为企业节约融资成本近2亿元，与超过20家银行达成合作。在他们的帮助下，华铁建筑已在上证A股上市，华普永明、灵汇等9家企业在新三板挂牌，多家企业被上市公司并购。

（2）首创联合担保模式。联合担保由杭州市科技局设计并推出，在国内尚属首次，其通过搭建新型担保业务平台以有效解决科技型中小企业融资难问题，克服了传统担保模式规模小、风险大、发展不成熟等很多缺陷，能够使更多企业得到贷款并且简化了贷款过程。联合担保业务的推出，突破了传统担保机制的缺陷并较之具有更强的竞争力。

联合担保模式在具体操作上，由杭州市科技局作为市级担保机构，出资2000万元成立杭州市高科技担保有限公司，由各区担保公司或区科技孵化器两级联合提供担保，并由加入联合担保平台的银行提供贷款。联合担保往往由两个或两个以上的担保公司，为同一企业或项目进行担保。因此可以充分发挥各单位的优势资源，获得比传统担保高得多的信息及功能，多家担保公司联合承担担保业务，每家担保公司的担保额度清晰，因此有效分散担保风险，提升联合担保集体的可信任度，通过增加反担保途径，使得更多企业提供反担保，扩大了联合担保资格范围，简化了企业贷款程序。

# 第三章　吉林省科技金融发展现状及问题

近年来，随着国家科技兴国战略的实施，吉林省的科技金融也得到了较大的发展，但仍然处于起步阶段。2009—2014 年，衡量科技活动投入和产出水平的诸多指标均位于全国中下游，科技金融发展存在投入、激励机制不足，融资渠道过于单一，缺乏完善的科技金融支撑体系等一系列问题，应通过建立有效的科技金融发展激励机制，深化金融市场改革，健全公共服务平台等措施，推动吉林省科技金融健康快速发展。

自 2006 年《国家中长期科学和技术发展规划纲要（2006—2020 年）》出台后，科技金融这一概念广为人知，2011 年科技部在全国设立 16 个科技金融试点地区，为科技金融发展提供了政策依据。科技金融作为金融和科技创新的有机结合，推动了科技、金融产业的融合发展，是加快科技成果转化、培育发展战略性新兴产业、支撑和引领经济发展方式转变的重要手段。科技金融能够促使金融资本参与创新活动，分散科技创新的风险，分享科技创新的收益，在科技创新更快、更大地财富化的同时，为金融资本带来更为丰厚的回报。吉林省很早就开始注意到利用金融手段推进科技发展。在 1999 年出台的《吉林省促进科技成果转化条例》中规定，有条件的组织可以依法建立科技成果产业化风险投资公司，支持高收入、高风险、高产出的科技成果转化。这是吉林省科技金融发展机制化的开端。2011 年吉林省科技厅又把继续深化与金融部门的合作，筹建省高新技术创业投资基金作为年度工作重点。吉林省尚处于科技金融发展的起步阶段，在当前经济下行压力增大的情况下，科技金融发展面临诸多困难，为了加速科技金融发展，需要创新科技投入方式，综合利用政府财政经费以及银行、证券、保险、创业投资等各种融资渠道，加强对科技型中小企业的融资支持。

# 第一节　吉林省科技金融发展现状

## 一、科技活动投入及科技人力资源情况

据《2014全国科技进步统计监测报告》，吉林省科技投入水平位居全国第22位。全省研究与试验发展经费投入强度（与省内生产总值之比）为0.9%，位居全国第22位；地方财政科技支出占地方财政支出比重为1.4%，位居全国第16位。企业R&D经费支出占主营业务收入比重为0.3%，位居全国第31位；企业技术获取和技术改造经费支出占企业主营业务收入比重为0.2%，位居全国第28位。万人研究与发展人员数为17.5人/万人，位居全国第14位；万人R&D研究人员数为9.9人/万人，位居全国第12位；万人大专以上学历人数为1156.1人/万人，位居全国第12位；企业R&D研究人员占比为42.1%，位居全国第21位。

### 1. 研究与试验发展（R&D）人员全时当量

研究与试验发展人员全时当量是目前国际上通用的、用于衡量科技人力投入水平的指标，包括R&D全时人员（全年从事R&D活动工作时间占全部工作时间90%以上的人员）工作量和非全时人员按实际从事R&D活动工作时间折算的工作量。2009—2014年，吉林省研究与试验发展人员全时当量持续增加，位于全国第19名左右，明显低于辽宁省和黑龙江省（见表3-1）。

**表3-1　　2009—2014年东三省研究与试验发展人员全时当量**

| 年份 | 全国全时当量/人年 | 吉林全时当量/人年 | 全国排名 | 辽宁全时当量/人年 | 全国排名 | 黑龙江全时当量/人年 | 全国排名 |
|---|---|---|---|---|---|---|---|
| 2009 | 2291252 | 39393 | 19 | 80925 | 10 | 54159 | 16 |
| 2010 | 2553829 | 45313 | 19 | 84654 | 10 | 61854 | 16 |
| 2011 | 2882903 | 44815 | 19 | 80977 | 13 | 66599 | 17 |
| 2012 | 3246840 | 49961 | 18 | 87180 | 14 | 65118 | 17 |

续　表

| 年份 | 全国全时当量/人年 | 吉林全时当量/人年 | 全国排名 | 辽宁全时当量/人年 | 全国排名 | 黑龙江全时当量/人年 | 全国排名 |
|---|---|---|---|---|---|---|---|
| 2013 | 3532817 | 48008 | 20 | 94885 | 14 | 62660 | 17 |
| 2014 | 3710580 | 49774 | 19 | 99586 | 15 | 62648 | 17 |

资料来源：中国科技统计年鉴.

### 2. 研究与试验发展经费（R&D）投入强度

研究与试验发展经费投入强度，是指 R&D 经费占 GDP 的比重，是评价科技活动投入水平的重要指标。2014 年全国研究与试验发展经费支出 13015. 6 亿元，比上年增加 1169. 0 亿元，增长 9. 9%，R&D 经费投入强度提升到 2. 05（见表 3 - 2）。研究与试验发展经费支出最多的 6 个省（市）为江苏（占 12. 7%）、广东（占 12. 3%）、山东（占 10%）、北京（占 9. 7%）、浙江（占 7%）和上海（占 6. 6%）。吉林省研究与试验发展经费支出 130. 7 亿元，仅占全国 1. 0%，排名第 19 位。基础研究、应用研究和试验发展经费占研究与试验发展经费总量的比重分别为 9. 7%、30. 2% 和 60. 1%。按照研究与试验发展活动主体看，企业在参加 R&D 活动数量和 R&D 经费等方面，优势显著。有 R&D 活动单位共有 401 个，其中企业为 255 个，占 63. 6%；企业研究与试验发展经费为 69. 8 亿元，比上年增长 10. 8%；企业经费占全省经费总量的比重为 59. 0%。基础研究经费 11. 5 亿元，减少 4. 9%；应用研究经费 35. 7 亿元，增长 22. 6%；试验发展经费 71. 1 亿元，增长 3. 6%。

**表 3 - 2　　2009—2014 年全国各地区研究与试验发展经费投入强度**

| 地区 | 2009 年 | 2010 年 | 2011 年 | 2012 年 | 2013 年 | 2014 年 |
|---|---|---|---|---|---|---|
| 全国 | 1. 68 | 1. 73 | 1. 79 | 1. 93 | 2. 01 | 2. 05 |
| 北京 | 5. 50 | 5. 82 | 5. 76 | 5. 95 | 5. 98 | 5. 95 |
| 天津 | 2. 37 | 2. 49 | 2. 63 | 2. 80 | 2. 96 | 2. 96 |
| 河北 | 0. 78 | 0. 76 | 0. 82 | 0. 92 | 0. 99 | 1. 06 |
| 山西 | 1. 10 | 0. 98 | 1. 01 | 1. 09 | 1. 22 | 1. 19 |

续 表

| 地区 | 2009 年 | 2010 年 | 2011 年 | 2012 年 | 2013 年 | 2014 年 |
|---|---|---|---|---|---|---|
| 内蒙古 | 0. 53 | 0. 55 | 0. 59 | 0. 64 | 0. 69 | 0. 69 |
| 辽宁 | 1. 53 | 1. 56 | 1. 64 | 1. 57 | 1. 64 | 1. 52 |
| 吉林 | 1. 12 | 0. 87 | 0. 84 | 0. 92 | 0. 92 | 0. 95 |
| 黑龙江 | 1. 27 | 1. 19 | 1. 02 | 1. 07 | 1. 14 | 1. 07 |
| 上海 | 2. 81 | 2. 81 | 3. 11 | 3. 37 | 3. 56 | 3. 66 |
| 江苏 | 2. 04 | 2. 07 | 2. 17 | 2. 38 | 2. 49 | 2. 54 |
| 浙江 | 1. 73 | 1. 78 | 1. 85 | 2. 08 | 2. 16 | 2. 26 |
| 安徽 | 1. 35 | 1. 32 | 1. 40 | 1. 64 | 1. 83 | 1. 89 |
| 福建 | 1. 11 | 1. 16 | 1. 26 | 1. 38 | 1. 44 | 1. 48 |
| 江西 | 0. 99 | 0. 92 | 0. 83 | 0. 88 | 0. 94 | 0. 97 |
| 山东 | 1. 53 | 1. 72 | 1. 86 | 2. 04 | 2. 13 | 2. 19 |
| 河南 | 0. 90 | 0. 91 | 0. 98 | 1. 05 | 1. 10 | 1. 14 |
| 湖北 | 1. 65 | 1. 65 | 1. 65 | 1. 73 | 1. 80 | 1. 87 |
| 湖南 | 1. 18 | 1. 16 | 1. 19 | 1. 30 | 1. 33 | 1. 36 |
| 广东 | 1. 65 | 1. 76 | 1. 96 | 2. 17 | 2. 31 | 2. 37 |
| 广西 | 0. 61 | 0. 66 | 0. 69 | 0. 75 | 0. 75 | 0. 71 |
| 海南 | 0. 35 | 0. 34 | 0. 41 | 0. 48 | 0. 47 | 0. 48 |
| 重庆 | 1. 22 | 1. 27 | 1. 28 | 1. 40 | 1. 38 | 1. 42 |
| 四川 | 1. 52 | 1. 54 | 1. 40 | 1. 47 | 1. 52 | 1. 57 |
| 贵州 | 0. 68 | 0. 65 | 0. 64 | 0. 61 | 0. 58 | 0. 60 |
| 云南 | 0. 60 | 0. 61 | 0. 63 | 0. 67 | 0. 67 | 0. 67 |
| 西藏 | 0. 33 | 0. 29 | 0. 19 | 0. 25 | 0. 28 | 0. 26 |
| 陕西 | 2. 32 | 2. 15 | 1. 99 | 1. 99 | 2. 12 | 2. 07 |
| 甘肃 | 1. 10 | 1. 02 | 0. 97 | 1. 07 | 1. 06 | 1. 12 |
| 青海 | 0. 70 | 0. 74 | 0. 75 | 0. 69 | 0. 65 | 0. 62 |
| 宁夏 | 0. 77 | 0. 68 | 0. 73 | 0. 78 | 0. 81 | 0. 87 |
| 新疆 | 0. 51 | 0. 49 | 0. 50 | 0. 53 | 0. 54 | 0. 53 |

资料来源：中国科技统计年鉴.

2015 年，我国科技经费投入保持增长，研究与试验发展经费投入及国家财政科技支出持续增加，研究与试验发展经费投入强度稳步提高。

2015 年，全国研究与试验发展经费支出 14169.9 亿元，比上年增加 1154.3 亿元，增长 8.9%；研究与试验发展经费投入强度（与国内生产总值之比）为 2.07%，比上年提高 0.05 个百分点。按研究与试验发展人员（全时工作量）计算的人均经费支出为 37.7 万元，比上年增加 2.6 万元。

从活动类型看，全国基础研究经费支出 716.1 亿元，比上年增长 16.7%；应用研究经费支出 1528.7 亿元，增长 9.3%；试验发展经费支出 11925.1 亿元，增长 8.4%。基础研究、应用研究和试验发展经费支出所占比重分别为 5.1%、10.8% 和 84.1%。

从活动主体看，各类企业经费支出 10881.3 亿元，比上年增长 8.2%；政府属研究机构经费支出 2136.5 亿元，增长 10.9%；高等学校经费支出 998.6 亿元，增长 11.2%。企业、政府属研究机构、高等学校经费支出所占比重分别为 76.8%、15.1% 和 7.0%。

从产业部门看，研究与试验发展经费支出超过 500 亿元的行业大类有 7 个，这 7 个行业的经费支出占全部规模以上工业企业研究与试验发展经费支出的比重为 60.8%；研究与试验发展经费支出在 100 亿元以上且投入强度（与主营业务收入之比）超过规模以上工业企业平均水平的行业大类有 9 个。

从地区看，研究与试验发展经费支出超过千亿元的省（市）有 5 个，分别为江苏（占 12.7%）、广东（占 12.7%）、山东（占 10.1%）、北京（占 9.8%）和浙江（占 7.1%）。研究与试验发展经费投入强度（与地区生产总值之比）超过全国平均水平的省（市）有 8 个，分别为北京、上海、天津、江苏、广东、浙江、山东和陕西（见表3－3）。

**表 3－3　　2015 年各地区研究与试验发展经费支出情况**

| 地区 | R&D 经费支出/亿元 | R&D 经费投入强度/% |
| --- | --- | --- |
| 全国 | 14169.9 | 2.07 |
| 北京 | 1384 | 6.01 |
| 天津 | 510.2 | 3.08 |
| 河北 | 350.9 | 1.18 |

续 表

| 地区 | R&D 经费支出/亿元 | R&D 经费投入强度/% |
|---|---|---|
| 山西 | 132. 5 | 1. 04 |
| 内蒙古 | 136. 1 | 0. 76 |
| 辽宁 | 363. 4 | 1. 27 |
| 吉林 | 141. 4 | 1. 01 |
| 黑龙江 | 157. 7 | 1. 05 |
| 上海 | 936. 1 | 3. 73 |
| 江苏 | 1801. 2 | 2. 57 |
| 浙江 | 1011. 2 | 2. 36 |
| 安徽 | 431. 8 | 1. 96 |
| 福建 | 392. 9 | 1. 51 |
| 江西 | 173. 2 | 1. 04 |
| 山东 | 1427. 2 | 2. 27 |
| 河南 | 435 | 1. 18 |
| 湖北 | 561. 7 | 1. 9 |
| 湖南 | 412. 7 | 1. 43 |
| 广东 | 1798. 2 | 2. 47 |
| 广西 | 105. 9 | 0. 63 |
| 海南 | 17 | 0. 46 |
| 重庆 | 247 | 1. 57 |
| 四川 | 502. 9 | 1. 67 |
| 贵州 | 62. 3 | 0. 59 |
| 云南 | 109. 4 | 0. 8 |
| 西藏 | 3. 1 | 0. 3 |
| 陕西 | 393. 2 | 2. 18 |
| 甘肃 | 82. 7 | 1. 22 |
| 青海 | 11. 6 | 0. 48 |
| 宁夏 | 25. 5 | 0. 88 |
| 新疆 | 52 | 0. 56 |

资料来源：2015 年全国科技经费投入统计公报.

### 3. 研究与试验发展（R&D）经费内部支出

研究与试验发展经费内部支出反映了在报告年度用于内部开展 R&D 活动的实际支出，包括用于 R&D 活动的直接支出，与 R&D 活动相关的管理费、服务费、基本建设支出以及外协加工费等，不包括生产性活动支出、归还贷款支出以及与外单位合作或委托外单位进行 R&D 活动而转拨给对方的经费支出。研究与开发机构 R&D 经费内部支出根据资金来源可以分为政府资金、企业资金、国外资金和其他资金，其他资金可看作金融市场对研究与开发机构 R&D 活动的支持。2014 年，吉林省金融市场对 R&D 活动支持排名全国第 22 位，低于辽宁和黑龙江（见表 3－4）。

**表 3－4　2009—2014 年全国与东三省研究与开发机构 R&D 经费内部支出中其他资金**

| 年份 | 全国“其他资金”/万元 | 吉林“其他资金”/万元 | 全国排名 | 辽宁“其他资金”/万元 | 全国排名 | 黑龙江“其他资金”/万元 | 全国排名 |
|---|---|---|---|---|---|---|---|
| 2009 | 2030155 | 24317 | 21 | 39606 | 16 | 26107 | 18 |
| 2010 | 2109939 | 29519 | 19 | 69090 | 12 | 52549 | 16 |
| 2011 | 2672030 | 25288 | 20 | 36840 | 19 | 24766 | 22 |
| 2012 | 3515899 | 39674 | 18 | 36308 | 21 | 26993 | 24 |
| 2013 | 4024505 | 50734 | 21 | 66246 | 16 | 24089 | 25 |
| 2014 | 4554869 | 33180 | 22 | 49884 | 17 | 47476 | 19 |

资料来源：中国科技统计年鉴.

### 4. 高技术产业投资

高技术产业从事高技术产品（服务）的开发和生产，科技创新与研发对高技术产业的发展起到关键的作用，因此具有知识密集度高和投入大的特点。发展高技术产业，有利于推动产业结构升级，提高劳动生产率和经济效益。高技术产业发展需要高昂的研发费用，技术开发具有不确定性，导致大量投入成为沉没成本。由于资金来源渠道有限，融资不足可能造成技术创新失败。2009—2014 年，吉林省高技术产业施工项目投资额不断增加，略低于辽宁省，明显高于黑龙江省（见表 3－5）。

表 3-5　　高技术产业施工项目数及投资额

| 年份 | 全国 | | 吉林 | | 辽宁 | | 黑龙江 | |
|---|---|---|---|---|---|---|---|---|
| | 项目数/个 | 投资额/亿元 | 项目数/个 | 投资额/亿元 | 项目数/个 | 投资额/亿元 | 项目数/个 | 投资额/亿元 |
| 2009 | 9780 | 4882 | 438 | 215 | 495 | 357 | 143 | 64 |
| 2010 | 10723 | 6945 | 847 | 275 | 318 | 440 | 166 | 104 |
| 2011 | 13204 | 9469 | 469 | 311 | 410 | 351 | 138 | 115 |
| 2012 | 15681 | 12933 | 489 | 373 | 551 | 460 | 218 | 166 |
| 2013 | 17691 | 15558 | 446 | 443 | 423 | 612 | 230 | 149 |
| 2014 | 18403 | 17452 | 567 | 478 | 397 | 564 | 229 | 142 |

资料来源：中国科技统计年鉴.

## 二、科技活动产出情况

据《2014 全国科技进步统计监测报告》，吉林省科技活动产出水平位于全国第 17 位。万名就业人员专利申请数为 8.6 件，位居全国第 21 位；万人发明专利拥有量为 2.1 件，位居全国第 16 位；万人科技论文数 2.9 篇，位居全国第 10 位；获国家级科技成果奖系数为 2.2，位居全国第 18 位。高技术产业增加值占工业增加值比重为 13.5%，位居全国第 12 位；高技术产品出口额占商品出口额比重为 6.8%，位居全国第 25 位；新产品销售收入占主营业务收入比重为 3.2%，位居全国第 28 位。

### 1. 国内专利申请授权数

专利申请数量包含了大量的科技信息，其能够直接反映一个国家或地区创新能力的高低。吉林省专利申请授权量保持稳步增长，但在全国的排名不断下降。2014 年，吉林省专利申请授权 6696 件，占全国的比重仅 0.55%，在全国 31 个省市中排名第 24 位，而同期辽宁省专利申请授权 19525 件，黑龙江省 15412 件，吉林省明显落后（见表 3-6）。

表 3-6　　2009—2014 年全国和东三省国内专利申请授权数

| 年份 | 全国专利申请授权量/件 | 吉林专利申请授权量/件 | 全国排名 | 辽宁专利申请授权量/件 | 全国排名 | 黑龙江专利申请授权量/件 | 全国排名 |
|---|---|---|---|---|---|---|---|
| 2009 | 501786 | 3275 | 19 | 12198 | 8 | 5079 | 18 |
| 2010 | 740620 | 4343 | 21 | 17093 | 10 | 6780 | 18 |
| 2011 | 883861 | 4920 | 21 | 19176 | 11 | 12236 | 16 |
| 2012 | 1163226 | 5930 | 22 | 21223 | 14 | 20268 | 15 |
| 2013 | 1228413 | 6219 | 24 | 21656 | 15 | 19819 | 17 |
| 2014 | 1209402 | 6696 | 24 | 19525 | 17 | 15412 | 18 |

资料来源：中国科技统计年鉴.

### 2. 技术市场技术流向地域

技术市场成交合同额反映了一个国家或地区技术市场的发展规模。技术市场成交合同包括技术开发、技术转让、技术咨询和技术服务四项。2009 年，技术市场技术流向吉林省的合同数为 3419 项，占全国的比重为 1.6%，排名第 17 位，合同金额排名第 22 位；辽宁省的合同数为 12576 项，占全国的比重为 5.9%，排名第 6 位，合同金额排名第 7 位；黑龙江省的合同数为 2844 项，略低于吉林省，排名第 18 位，合同金额排名第 17 位。2014 年，吉林省的合同数为 3537 项，占全国的比重下降至 1.2%，排名第 21 位，合同金额排名第 28 位；辽宁省的合同数为 11377 项，占全国的比重下降至 3.8%，排名第 10 位，合同金额排名第 10 位；黑龙江省的合同数为 3312 项，排名第 22 位，合同金额排名第 23 位（见表 3-7）。由此可见，东三省对于技术市场的吸引力在不断下降。

表 3-7　　2009—2014 年全国及东三省技术市场技术流向地域

| 年份 | 全国 | | 吉林 | | 辽宁 | | 黑龙江 | |
|---|---|---|---|---|---|---|---|---|
| | 合同数/项 | 合同金额/万元 | 合同数/项 | 合同金额/万元 | 合同数/项 | 合同金额/万元 | 合同数/项 | 合同金额/万元 |
| 2009 | 213752 | 30390024 | 3419 | 271104 | 12576 | 977954 | 2844 | 389128 |
| 2010 | 229601 | 39065753 | 3529 | 413970 | 12691 | 1840608 | 2824 | 562376 |
| 2011 | 256428 | 47635589 | 3200 | 337303 | 14573 | 3966798 | 2985 | 644749 |
| 2012 | 282242 | 64370683 | 3226 | 462966 | 13769 | 3978888 | 3610 | 735468 |
| 2013 | 294929 | 74691254 | 3473 | 469842 | 12446 | 2482137 | 3715 | 840683 |
| 2014 | 297037 | 85771790 | 3537 | 507987 | 11377 | 2504925 | 3312 | 1085741 |

资料来源：中国科技统计年鉴.

### 3. 高技术产业新产品开发情况

高技术产业采用新技术和新设计构思研制、生产全新产品，或对原有产品改进结构、材质、工艺等方面，从而显著提高产品性能或扩大使用功能。高技术产业新产品的开发反映了一国或地区高技术产业新技术的应用规模。2009 年，吉林省高技术产业新产品开发项目数为 486，占全国的比重仅 0.8%，排名第 22 位，新产品销售收入排名第 18 位；辽宁省高技术产业新产品开发项目数为 1430，占全国的比重为 2.4%，排名第 12 位，销售收入排名第 10 位；黑龙江省高技术产业新产品开发项目数为 957，占全国的比重为 1.6%，排名第 16 位，销售收入排名第 20 位。2014 年吉林省项目数为 781，占全国的比重为 0.8%，全国排名第 21 位，新产品销售收入排名第 19 位；辽宁省项目数占全国的比重下降至 1.4%，排名第 18 位，销售收入排名第 15 位；黑龙江项目数占全国的比重下降至 1.1%，排名第 19 位，销售收入排名第 22 位（见表 3－8）。东三省高技术产业新产品开发项目的数量和销售收入均增长缓慢，位于全国的中下游，而吉林省又落后于辽宁省和黑龙江省。

表 3－8　2009—2014 年全国及东三省高技术产业新产品开发项目及销售收入

| 年份 | 全国 | | 吉林 | | 辽宁 | | 黑龙江 | |
|---|---|---|---|---|---|---|---|---|
| | 项目数/个 | 销售收入/万元 | 项目数/个 | 销售收入/万元 | 项目数/个 | 销售收入/万元 | 项目数/个 | 销售收入/万元 |
| 2009 | 60331 | 137367222 | 486 | 584976 | 1430 | 1619901 | 957 | 306470 |
| 2010 | 42820 | 163647630 | 230 | 317110 | 532 | 2185478 | 847 | 292694 |
| 2011 | 66606 | 224733493 | 614 | 732061 | 1076 | 3583401 | 979 | 462673 |
| 2012 | 83228 | 255710383 | 669 | 993409 | 1290 | 3496976 | 920 | 576704 |
| 2013 | 97230 | 312296100 | 4786 | 1336505 | 1265 | 3852562 | 984 | 655479 |
| 2014 | 94872 | 354941746 | 781 | 1298133 | 1301 | 3605210 | 1057 | 777346 |

资料来源：中国科技统计年鉴．

## 第二节　金融发展对创新效率影响的门槛效应检验

本文以我国 2006—2013 年省际面板数据为基础，应用数据包络法

（DEA）计算我国企业科研创新效率与产品创新效率，并对我国金融发展对两种效率的影响是否存在门槛效应进行了实证检验。结果发现：我国各省市地区的科研创新效率与产品创新效率水平均偏低，其水平亟须提高，金融发展水平对科研创新效率与产品创新效率均存在门槛效应，其中科研创新效率存在三重门槛效应，产品创新效率存在双重门槛效应。金融发展水平的提高降低了其对科研创新效率和产品创新效率的影响强度，说明我国金融发展须考虑到其对实体经济的促进作用，盲目扩张会导致效率损失。

前沿文献对金融发展在经济增长中的重要地位给予了充分的肯定，对于我国金融发展影响经济增长以及技术进步的研究比较丰富。钱水土和周永涛（2010）基于我国区域数据，以非国有部门贷款与 GDP 之比来衡量金融发展水平，以企业专利申请数量度量自主创新能力，用门槛回归的方法验证我国金融发展、FDI（对外直接投资）与创新能力间是否存在门槛效应。结果发现，FDI 对于自主创新的影响并不显著，但以金融发展为门槛，FDI 对自主创新的作用存在门槛效应。何晓虎和何伦志（2011）同样基于我国区域数据，技术进步水平基于随机前沿模型计算，金融发展程度指标采用私人信贷余额占名义 GDP 的比重获得，其门槛回归结果显示，金融发展水平对技术进步存在双重门槛效应，随着金融发展水平的提高，其对技术进步的作用显著下降。

技术创新活动作为一种生产活动其本身也存在着效率问题，前述论文都验证了我国金融发展水平会影响技术创新数量即创新活动的产出数量，然而，金融发展是否促进了创新活动的效率却鲜有文献提及。金融发展影响企业创新效率可以归纳为以下几点：一是创新活动需要大量的资金，企业创新活动必然需要金融部门的资金支持；二是金融部门提供的多种工具可以有效分散企业在研发与创新时所面临的风险；三是有效的金融市场能够优化资金配置，将投资引导至具有最高创新率的企业。

我国关于金融发展与创新效率的实证论文较少。顾群和翟淑萍（2013）用数据包络法估计了我国 2005—2010 年 30 个省市的创新效率水平，基于此数据对金融发展和知识产权保护对于创新效率的影响进行了实证研究。结果显示，金融发展水平对创新效率有显著的正向影响，并且强度随着金融发展水平的提高而增大。孙立梅和高硕（2015）以类似顾群和翟淑萍

（2013）的方法计算了创新效率，用金融机构存款余额、金融机构贷款余额以及股票市场总值三个指标衡量金融发展水平，应用面板回归考察了我国2007—2011年创新效率与金融发展水平的关系，认为金融中介相比金融市场对技术创新效率的促进作用更强，然而我国的存款配置水平较低，需要进一步优化。

前述对金融发展和创新效率的研究文献存在以下两个问题：一是对于创新效率的计算过于粗糙，直接以专利数量和新产品销售收入作为DEA方法的产出变量，以R&D人员和资金投入作为投入变量的做法忽视了技术创新的内在过程，即知识转化为专利的科研创新和专利转化为产品的研发创新；二是对于金融发展和创新效率的实证研究没有考虑到二者存在门槛效应的问题，由金融发展和技术进步的相关文献我们看到，我国金融发展影响技术进步是存在门槛效应的，那么我国金融发展对于创新效率的作用是否存在门槛效应值得研究。本文基于上述两点对现有研究进行了扩展，具体为：将创新效率分为科研创新效率与产品研发效率并分别计算；在创建回归模型时采用门槛回归考察金融发展对两种创新效率的门槛效应。以下将阐述变量选取与说明、实证结果与评价、基本结论。

## 一、方法介绍与变量选取说明

### 1. 创新效率

本文采用数据包络法测算我国各地区创新效率。数据包络法是根据多项投入指标和多项产出指标，利用线性规划的方法，对具有可比性的同类型单位进行相对有效性评价的一种数量分析方法。数据包络法属于非参数方法，相比于参数方法需要对具体的生产函数进行假设，非参数方法很好地规避了这个问题，在不需要对具体生产函数进行假设的条件下计算产出效率。

我们将创新效率分为科研创新效率与产品创新效率。科研创新效率主要指企业主体在投入一定人力物力后，形成有效专利发明的效率，选择各地区高技术产业R&D人员全时当量与高技术产业R&D经费内部支出作为投入变量，高技术产业专利申请数和高技术产业有效发明专利数作为产出变量。产品创新效率指企业主体将已有专利转化为产品并盈利的能力，选择高技术产业有效发明专利数和高技术产业新产品开发经费支出作为投入变量，高技术产业新产品销售收入作为产出变量。上述数据来自《中国科技统计年鉴》，由于从投入到产出需要时间，我们将投入数据滞后 1 年，即产出数据时间为 2006—2013 年，投入数据为 2005—2012 年。由于数据缺失，在区域选择上我们去掉了西藏自治区，台湾、香港和澳门地区，保留了其余 30 个省市地区。

### 2. 面板门槛回归模型

面板门槛回归模型最初由汉森（Hansen）提出，其基本形式为：

$$y_i = \alpha_1' x_i + u_i, q_i \leqslant \gamma \qquad (1)$$

$$y_i = \alpha_2' x_i + u_i, q_i > \gamma \qquad (2)$$

其中，$x_i$ 为解释变量，$q_i$ 为门槛变量，其可以作为解释变量之一，也可以是独立的变量。门槛变量在“门槛值” $\gamma$ 处将样本分为两类。

面板门槛模型的求解遵循以下步骤：①首先通过网格搜索法确定门槛值，对任意门槛值 $\gamma$，计算其最小二乘法下的回归残差平方和，以最小的残差平方和为门槛值。②对已经计算出的门槛值进行假设检验，原假设不存在门槛效应，$H_0: \alpha_1 = \alpha_2$；备择假设 $H_1: \alpha_1 \neq \alpha_2$。用自举法模拟似然比检验的渐进分布来计算各显著性水平上的统计量，进而建议门槛效应的显著性。③最后对门槛效应的各参数进行回归估计。

### 3. 金融发展指标以及其他控制变量

参考李金昌和曾慧（2009）直接用各地区金融机构各项贷款余额除以名义 GDP 来度量金融发展水平。数据来自《中国金融年鉴》与《中国统计年鉴》。在模型中加入其他控制变量以保证模型稳定性，具体为：①外商直接投资，用各地区外商直接投资除以人均 GDP 来表示外商投资水平。②教育水平，用地区就业人员平均受教育年限度量地区教育水平，其中，小学毕业、初中毕业、高中毕业、大学毕业和研究生毕业的受教育年数分别按 6、9、12、16、18 计算。③市场竞争，用地区高技术行业企业数量度量市场竞争情况。上述数据来自《中国统计年鉴》与地方统计年鉴。

## 二、实证结果与评价

用 DEA 方法计算的各地区科研创新效率与产品创新效率见表 3－9。

表3－9　科研创新效率与产品创新效率估计结果

| 地区 | 科研创新效率 | 产品创新效率 | 地区 | 科研创新效率 | 产品创新效率 |
|---|---|---|---|---|---|
| | 均值 | 均值 | | 均值 | 均值 |
| 北京 | 0.6515 | 0.5412 | 河南 | 0.3952 | 0.3588 |
| 天津 | 0.4877 | 0.8741 | 湖北 | 0.3059 | 0.2402 |
| 河北 | 0.2771 | 0.2393 | 湖南 | 0.5454 | 0.3903 |
| 山西 | 0.5837 | 0.4384 | 广东 | 0.5798 | 0.2906 |
| 内蒙古 | 0.2588 | 0.2682 | 广西 | 0.4413 | 0.1984 |
| 辽宁 | 0.2756 | 0.4231 | 海南 | 0.6778 | 0.4957 |
| 吉林 | 0.5597 | 0.2822 | 重庆 | 0.4559 | 0.5540 |
| 黑龙江 | 0.1696 | 0.1005 | 四川 | 0.4200 | 0.3931 |
| 上海 | 0.3557 | 0.5132 | 贵州 | 0.4247 | 0.1201 |
| 江苏 | 0.3097 | 0.5320 | 云南 | 0.8652 | 0.3327 |
| 浙江 | 0.3549 | 0.2832 | 陕西 | 0.1798 | 0.1779 |
| 安徽 | 0.5438 | 0.2939 | 甘肃 | 0.3852 | 0.2932 |
| 福建 | 0.2688 | 0.6794 | 青海 | 0.4919 | 0.4110 |
| 江西 | 0.2075 | 0.2997 | 宁夏 | 0.3412 | 0.5958 |
| 山东 | 0.3116 | 0.5030 | 新疆 | 0.6269 | 0.2682 |

表3－9数据显示的是，我国2006—2013年各地区平均的科研创新效率和产品创新效率均低于0.5。其中，科研创新效率平均值为0.4251，最大值为云南省0.8652，最小值为黑龙江省0.1696，有9个地区大于0.5，分别为北京市、山西省、吉林省、安徽省、湖南省、广东省、海南省、云南省和新疆维吾尔自治区。产品创新效率全国平均值为0.3797，最大值为天津市0.8741，最小值为黑龙江省0.1005，有8个地区大于0.5，分别为北京市、天津市、上海市、江苏省、福建省、山东省、重庆市以及宁夏回族自治区。我们发现，两类创新效率的整体水平较低，全国均值均未超过0.5，从地域角度看，两指标同时超过0.5的地区仅北京一处，单指标超过0.5的区域也较少。这说明我国创新效率整体偏低，亟须优化。

在计算了各地区的创新效率后，我们将科研创新效率与产品创新效率作为被解释变量，金融发展水平作为解释变量和门槛变量进行回归，检验我国金融发展水平对创新效率的影响是否存在门槛，具体回归方程如下：

$$R_{1it} = \alpha_0 + \alpha_1 EDU_{it} + \alpha_2 FDI_{it} + \alpha_3 F_{it} I(F < F_1) + \alpha_4 F_{it} I(F > F_1) + \varepsilon_{it} \quad (1)$$

$$R_{2it} = \alpha_0 + \alpha_1 FA_{it} + \alpha_2 FDI_{it} + \alpha_3 F_{it} I(F < F_1) + \alpha_4 F_{it} I(F > F_1) + \varepsilon_{it} \quad (2)$$

考虑到教育水平主要影响企业科研创新过程，而竞争程度主要对企业产品创新过程起作用，所以教育水平（EDU）只出现在模型（1）中，而竞争程度（FA）只出现在模型（2）中。而外商直接投资对科研创新和产品创新都有作用，所以两模型均将外商直接投资（FDI）作为控制变量。

首先对模型（1）、模型（2）进行门槛回归检验以确定门槛个数。由于数据数量的限制，我们假定门槛的最大数量为3个，我们按照不存在门槛或只存在一个门槛、只存在一个门槛和只存在两个门槛、只存在两个门槛和只存在三个门槛三种假设对模型进行假设检验，结果见表3－10、表3－11。

**表3－10　　模型（1）门槛检验结果**

| 模型 | 临界值 | | | | |
|---|---|---|---|---|---|
| | *F*值 | *P*值 | 1% | 5% | 10% |
| 单一门槛 | 1.478 | 0.353 | 7.613 | 6.144 | 4.542 |
| 双重门槛 | 9.709 | 0.043 | 12.576 | 9.158 | 6.747 |
| 三重门槛 | 3.679 | 0.097 | 11.771 | 5.359 | 3.513 |

**表3－11　　模型（2）门槛检验结果**

| 模型 | 临界值 | | | | |
|---|---|---|---|---|---|
| | *F*值 | *P*值 | 1% | 5% | 10% |
| 单一门槛 | 11.222 | 0.013 | 12.326 | 6.315 | 4.117 |
| 双重门槛 | 6.891 | 0.080 | 12.261 | 8.599 | 6.239 |
| 三重门槛 | 3.822 | 0.150 | 19.646 | 11.880 | 5.404 |

表3－10数据显示，双重门槛假设在99%的显著水平上通过检验，而三重门槛假设在95%的显著性水平上通过检验，所以模型（1）我们选择门槛数量为3。表3－11数据显示，单一门槛和双重门槛假设分别通过了95%和90%显著性水平下的检验，而三重门槛假设不显著，所以模型（2）我们选取门槛数量为2。各模型门槛估计值和置信区间见表3－12。

表 3-12　　门槛估计值与置信区间

| | | 门槛估计值 | 95%置信区间 | |
|---|---|---|---|---|
| 模型(1) | 门槛 1 | 1.125 | [0.648 | 1.808] |
| | 门槛 2 | 1.330 | [0.648 | 1.808] |
| | 门槛 3 | 2.085 | [0.679 | 2.234] |
| 模型(2) | 门槛 1 | 0.818 | [0.648 | 2.234] |
| | 门槛 2 | 1.045 | [0.975 | 1.106] |

表 3-13 给出了模型（1）与模型（2）的门槛回归结果。观察表 3-13 结果可知：

表 3-13　　模型门槛回归结果

| 模型(1) | | | | 模型(2) | | | |
|---|---|---|---|---|---|---|---|
| 变量 | 系数 | *t* 值 | *P* 值 | 变量 | 系数 | *t* 值 | *P* 值 |
| *EDU* | 0.0739 | 2.91 | 0.004 | *FA* | 0.0002 | 3.20 | 0.002 |
| *FDI* | -2.1148 | -1.16 | 0.248 | *FDI* | -2.6455 | -1.63 | 0.104 |
| *F1* | 0.8145 | 3.37 | 0.001 | *F1* | 0.7526 | 3.08 | 0.002 |
| *F2* | 0.7494 | 3.55 | 0.000 | *F2* | 0.5435 | 2.68 | 0.008 |
| *F3* | 0.6320 | 3.42 | 0.001 | *F3* | 0.3171 | 1.90 | 0.059 |
| *F4* | 0.3531 | 1.96 | 0.051 | *Cons* | -0.2610 | -1.32 | 0.189 |
| *Cons* | -0.9435 | -3.39 | 0.001 | | | | |
| *F* 统计量 | 自由度(29,204)<br>$F = 3.25(P = 0.000)$ | | | *F* 统计量 | 自由度(29,204)<br>$F = 4.09(P = 0.000)$ | | |

对于科研创新效率，金融发展水平在三重门槛的四个区间内均对科研创新效率有正向作用，然而其作用强度越来越小，从第一区域的 0.8145 逐步降至最后一区域的 0.3531。造成这一现象的原因可能是，在金融发展初期金融市场与企业合作顺畅，金融业的资金配置有效性较高，随着金融发展的深化，资本由实体经济不断向金融市场转移，实体经济由于缺乏资金支持而效率降低。教育水平对于科研创新效率的作用方向为正向，强度为 0.0739 且在 99% 水平上显著，说明加强企业员工培训与教育、提高国民知识水平对于创新效率有积极作用。FDI 的系数为负但不显著，可能的原因是我国现有的科技水平较高，对国外投资的技术溢出效率依赖性并不明显。2013 年全国 30 个地区金

融发展水平按三重门槛划分为四个区域，每个区域对应的地区数量分别为15、6、9和0。数据说明我国大部分地区仍然处于金融发展对科研创新效率影响较为有效的地区。

对于产品创新效率，金融发展水平在双重门槛检验下同样对创新效率的影响显著为正，但在三个区域上呈递减趋势。其原因与科研创新的情况类似，金融市场的快速发展可能会对实体经济形成阻碍。市场竞争水平对科研创新效率有显著正向作用，其强度为0.0002，企业间竞争对企业开发新产品形成了倒逼机制。FDI的系数为负且仍然不显著，说明国外投资对于国内企业的产品研发行为的影响很小。2013年全国30个地区金融发展水平按双重门槛划分为三个区域，每个区域对应的地区数量分别为5、6和19。数据说明我国大部分地区仍然处于金融发展对产品创新效率影响较弱的地区。

### 三、基本结论

前沿研究更多关注金融发展与经济增长和技术进步的关系，而忽视了金融发展对企业创新活动效率的影响。本文以我国2006—2013年省际面板数据为基础，应用数据包络法计算我国企业科研创新效率与产品创新效率，并对我国金融发展对两种效率的影响是否存在门槛效应进行了实证检验。结果发现：①我国各省市地区的科研创新效率与产品创新效率水平均偏低，两种效率的平均值都小于0.5，两种效率大于0.5的区域仅为9个和8个，说明我国创新效率亟须提高。②金融发展水平对科研创新效率与产品创新效率均存在门槛效应，其中科研创新效率存在三重门槛效应，其金融发展水平的门槛分别为1.125、1.330和2.085。随着金融发展水平的提高，其作用强度不断下滑，由最高0.8145降至0.3531。产品创新效率存在双重门槛效应，门槛水平为0.818和1.045。金融发展水平的提高同样降低了其对产品创新效率的影响强度，其最大值与最小值间的降幅达58%。结果暗示我国金融发展需考虑到其对实体经济的促进作用，盲目扩张会导致效率损失。

## 第三节　吉林省科技金融发展中存在的问题

尽管吉林省在科技金融各个方面作出了卓有成效的探索，但是相对于其他地区，科技金融发展速度较慢，存在的问题也比较多。

## 一、缺乏有效的科技金融投入及激励机制

科技金融投入的主体应该是企业和金融机构，政府应该是搭建这一体制的主导因素而不应该是投资主体。根据前文对现状的分析，吉林省科技创新的投资主体是政府，造成了科技创新投融资体制和激励机制存在一定的问题。财政科技支出的转化率不高，近几年来，吉林省财政对科技的支出呈现出逐年增长的态势，也反映出吉林省政府对科技创新路子坚决的态度。但是，财政科技支出的转化率不高，财政科技支出的运行效率偏低，科技成果不明显。科技研发企业和金融企业不能成为投融资主体，过度依赖政府的科技投入，必然导致两个方面的问题：一方面是资金来源的单一化和有限性会导致研发投入的资源严重不足；另一方面是政府职能定位不清晰、不合理，企业会形成对政府的依赖，在一定程度上损害了企业科技研发的主观能动性。同时，政府主导的投融资体制下，其激励机制也存在诸多问题。直接税收优惠为主的激励机制过于僵化单调。企业和科研机构缺乏激励机制，股权激励等有效的激励机制还没有得到充分建立和采用。当前我国的科学技术与金融的融合处于萌芽阶段，按照发达国家的经验，在科技金融的初期，政府主导为主，但是政府在主导整个科技金融资金来源的同时，要适时地引导金融机构、社会力量进行投资，建立一个多层次的科技金融市场。

## 二、缺乏多元化的科技金融融资渠道

科技金融融资渠道过于单一是全国各地区普遍存在的问题，但这一问题在吉林省表现得尤为突出。首先，银行信贷的投向对科技投资极端不利。商业银行的贷款规模一直处于扩大的状态，但其投向基本上都集中在传统的产业部门，例如房地产业、汽车业等，科技融资的空间狭小。其次，金融机构规避风险的经营理念和操作规程本身排斥科技活动的高风险特征，对科技创新贷款持谨慎态度。在这种背景下，正规金融体系无法从根本上满足科技企业的资金需求。科技企业只能被动地选择花费较高的资金成本从非正规的金融市场融资。再次，吉林省金融市场欠发达，科技企业通过证券市场融资的空间也很狭小。吉林省上市公司数量少，其中的科技研发企业就更少。股权

交易规模小，创业投资要通过包括协议收购、被整体收购在内的一些方式退出投资，投资风险无法社会化，再加上信息不对称、可供创业投资转化的科研成果不足，导致创业投资机构对于高新技术的投资减少。在目前情况下，吉林省还没有建立起一个专门的科技银行，这个科技银行是满足科技型中小微企业融资需求建立的。虽然吉林省政府也鼓励中小微企业以知识产权进行质押从金融机构获得贷款，然而，对知识产权的评估是一个艰难的工作，目前吉林省还没有知识产权评估机构。另外，吉林省的信用担保制度也很不健全，这样在造成金融机构惜贷的同时，也会使得一部分优质的科技型中小微企业或者项目融不到资金而半路夭折。

## 三、尚未建立完善的科技金融支撑体系

科技金融相结合自《国家中长期科学和技术发展规划纲要（2006—2020年)》颁布以来，在各个省份逐渐展开试点。科技与金融结合是中国转型发展的必然结果，是发展模式的创新。涵盖了财政税收、政府采购、创业投资、资本市场、金融机构等多个参与主体，这就势必对服务于各个主体的中介机构的数量和质量提出要求。科技金融发展的支撑体系包括完善的服务平台、有效的银企对接机制、完备的信用评价和管理体系。作为支撑体系的基础，还应该具备健全的担保机制，完善的政策法律体系、适度的投行发展规模等。目前，吉林省还没有针对科技型企业提供专项发展资金的专业信贷机构，依托政府资源搭建创业风险投资平台的问题越发突出。缺少市场化的、高效的、专业的集资格审核、企业数据库建立、资金管理于一身的科技金融服务平台，银行、企业、担保机构等科技金融参与主体接收信息渠道不畅通。

到目前为止，吉林省还没有制定一系列相对应的支持科技金融的政策法律法规，有的只是《中华人民共和国中小企业促进法》。这部法律适用范围较广，对吉林省本土企业针对性不强。一个地方经济要可持续、健康地发展，首先要把这个地方的制度环境建立起来，才能保障各方的合法权益，才能创造一个比较公平竞争的环境，否则，科技金融各项具体实施方案、办法在执行的过程当中会遇到一些比较棘手的问题。和全国发达省份相比，吉林省在科技金融支撑体系的建设方面处于落后状态，严重影响了科技金融的快速发展。科技金融的发展历史较短，对科技金融发展的认识还需要进一步提高。

吉林省的金融业和科技研发都相对滞后，意识形态领域对科技金融的重视程度也有待提高。

## 四、缺乏风险监督补偿机制

科技金融体系主要涵盖了两方面的风险：一方面是来自企业自身的科技研发失败风险，另一方面则主要来自科技金融资金的供给方。企业自身的研发失败又包括研发无果及研发结果无实际市场价值，难以获得预期的超额利润。首先，是科技型企业自身风险监督机制的缺失。申请加入科技金融的企业大多处于初创期，少数处于发展期，并没有建立成熟的市场运行机制和顺畅的生产—销售渠道，因此，依旧存在着风险。在企业的持续发展过程中，并没有配套的、持续的企业风险监管机制。目前，通过审批的财政资金并不全额流向企业，而是由合作银行机构管理，根据审批项目核定的资金使用目的发放款项。但是这种方式一开始就已经限定了资金的投入方向，不能灵活满足科技企业的需求。对企业研发层层把关、步步监督的审核机制与风险监督机制的进一步发展是科技金融所急需的。其次，是科技金融资金的风险监督与风险分散机制的缺失。科技型企业运行风险高，实体规模小，科技产品研发结果未知，严重阻碍了社会资本进驻科技企业的信心。因此，在现阶段行政化的科技金融结合过程中，加入政府资金池的社会资本承担着未知的高风险。目前，吉林省的科技金融在降低风险方面多为事后补贴，对为科技型企业提供科技保险的保险机构提供一定的补助以示鼓励。而对于申请科技金融补贴的企业并没有建立直接的风险监督机制和有效的风险分散机制，无法良好地刺激社会资本大胆进入科技金融专项资金池。

## 五、科技金融人才短缺

科技金融需要科技产业人才，也需要金融领域人才，唯有二者相结合才能实现科技金融创新。科技金融体系，由资金供给方从业人员、资金需求方从业人员和第三方机构从业人员构成，具体包括政府、中介机构等。他们共同组成了科技金融系统中的人力资源环境。高素质科技金融人才不足严重影响了吉林省科技金融的发展。首先，科技金融人才建设投入力度较小。科技金融的从业人员要求有较高的科学素质和多样化的产业覆盖率。吉林省缺少专业的科技金融人才，几乎全部为政府在编工作人员及事业单位工作人员。高薪引进有丰富经验、熟悉行业发展规律的业内领军人物刻不容缓，但是规模相较整体队伍并不乐观。其次，国内的各个高等教育机构并没有广设科技金融专业，无法形成科技金融专业领域人才规模供应。因此，借助省内高校的力量，加强对科技金融人才的培养是当务之急。针对科技金融人才市场的原有资源，缺少科学、高效的评价与激励机制。吉林省在科技金融人员流动上尚未建立科学有序的人员流动机制，降低了各个科技金融主体之间信息、科研成果等的互动、互通，亦不利于从业人员对参与企业的熟悉与了解，阻碍了整个相关领域内从业人员能力的提高与发展。

# 第四章　推进吉林省科技金融发展的战略选择

科技金融体系的发展趋势是使科技与金融形成持续扩展、深度融合的网络体系。随着科技与金融要素在网络节点的不断增加、网络联系的不断加深、网络服务的不断创新，助力科技企业创新发展的科技金融体系将最终形成。构建深度融合的科技金融体系，要大力支持科技金融机构创新、科技金融产品与服务创新、科技金融管理体系创新，进而促进整个科技金融体系的创新。

## 第一节　构建立体的科技金融机构体系

科技金融机构体系深化发展的根本是科技金融支撑基点的增加，也就是科技金融机构数量的不断壮大。目前吉林省科技金融机构创新刚刚开始，商业银行科技支行、科技小额贷款公司、创业投资引导基金、科技金融中介机构等新机构逐步建立。然而，相对于数量众多的科技型中小企业与科研成果转化需求，新的科技金融机构所能提供的融资支持力量仍是杯水车薪，科技金融机构仍需要加大建设力度。

### 一、创建新型的科技金融供给主体

科技金融机构是为科技企业提供资金信贷的主体、科技融资机构的创新是科技金融机构创新中的基础环节，在这个过程中，创建科技银行则是重中之重。

#### 1. 成立真正意义上的科技银行

中国目前的科技银行体系以商业银行为主要贷款提供方，承担着为科技型企业提供科技贷款的重任，吉林省发展科技金融的当务之急是建立发展科技银行体系。

（1）科技银行的特点

科技银行是主要为科技型中小企业提供科技贷款等科技金融服务的专业性、职能型银行类金融机构的统称，其本质是具有创新性的商业银行。科技银行具有自己的特点。第一，科技银行具有专业性，特征是专门为科技型中小企业提供专业性服务。第二，科技银行具有职能性，其职能是为科技型中小企业提供科技信贷、资金结算等金融支持，解决科技型中小企业的融资难问题。第三，科技银行具有创新性，科技银行主要针对科技型中小企业轻资产的特征，设计运行独特的风控模式，在资产业务上注重风险识别、分散、控制和转移。比如，科技银行与创业风险投资机构采取投贷联动机制密切合作，科技贷款、债权、股权间的可转换性等。

（2）国外科技银行发展的概况

科技银行在20世纪后期已在美国最先出现。国外科技银行在本质上依然是创新型的商业银行，除了经营传统的资产负债业务以外，在科技银行的实际经营中，形成了独特的发展特征，主要体现在以下两方面：一是科技银行形成了独有的盈利模式和风险控制模式。如硅谷银行模式既通过收取高于其他银行的贷款利率获取利息收益，又通过持有客户公司的股权获取股权收益。在风险控制方面，硅谷银行严格甄选客户，将获得创业风险投资支持和拥有自主知识产权的高新技术企业作为目标客户，通过加强与创业风险投资机构的合作来进行风险控制。二是科技银行成为创新型的商业银行。经过多年的发展，科技银行除了经营传统的资产业务与负债业务以外，更是向投资类与投贷联动类业务转向，组建成为创新风险投资机构与商业银行的统一体，逐步向投资银行转型。

国外科技银行能够取得显著的发展成效，主要有以下三个方面的原因：第一，高新技术产业发展快。第三次科技革命，极大地推动了科技进步，促进高新技术企业和高新技术产业的迅猛发展。进入20世纪90年代，伴随着知识经济这种新经济形态的出现，高新技术产业更是经历了爆炸式增长阶段。在这一进程中，高新技术企业和高新技术产业的金融需求不断增加，针对高新技术企业的专业化服务也开始出现，科技银行的发展迎来了一个高潮。第二，科技金融快速发展。科技银行的发展需要科技金融其他方面发展的配合。在美国等发达国家，创业风险投资高度发达，科技资本市场发展程度也较高，信用担保体系健全。这些都为科技银行开展业务、进行风险控制打下了良好的基础。第三，金融体制适合科技银行的发展。科技银行是专业性职能型银行，从规模上讲是中小型银行。以美国为代表的发达国家，金融竞争充分，中小型金融机构得到了充分发展，这为科技银行成功运营提供了良好的外部环境。同时，美国等发达国家的金融创新活跃，避险工具种类多，这有利于科技银行进行风险控制。

(3) 吉林省科技银行的运营模式

科技银行可以有三种运营模式：一是国有商业银行模式，即全国设立一家科技银行，实行总行分行制；二是股份制模式，即在地方设立多家科技银行，作为地方性股份制银行运营；三是实行商业银行科技支行制，即选择试点商业银行，在已有的商业银行内部设立科技支行。

目前我国成立的科技银行都为第三种模式，相对于前两种模式而言，商业银行科技支行制模式是操作难度最小、最具有可行性的一种运营模式。这种模式下的科技银行不需要申请新的牌照，不需要专门设立一家或多家新的银行，只需要商业银行将现有的资源在银行内部进行重新分配即可。但是，这种模式也有一定的弊端。商业银行科技支行实质上与商业银行的科技贷款部或中小企业贷款部类似，都属于商业银行的内设部门，极易流于形式，不具备专业性。同时，这种模式下的科技银行对科技贷款的供给增加有限，难以满足科技型中小企业发展过程中的巨大资金需求。

根据设立科技银行的初衷，商业银行科技支行制只是科技银行的过渡模式。商业银行科技支行是商业银行的内部部门，并不具有法人实体地位，不能称为真正意义上的科技银行。随着金融改革和金融创新的进一步推进，国有商业银行模式和股份制银行模式将会成为科技银行设立的必然选择，科技支行必将面临转型。

考虑到吉林省银行业发展状况及当下宏观环境，科技银行的设立和发展可以采取“分阶段三步走”战略，即第一步，在现有商业银行中选取试点银行，设立科技支行，尽早开展专门的科技贷款业务；第二步，在科技支行运营一段时间后，推动商业银行科技支行转型，设立真正意义上的科技银行；

第三步，推动科技银行上市，拓展其他科技金融业务，使科技银行发展成为科技银行金融控股集团。

**2. 创新科技小额贷款机构的运作模式**

科技小额贷款公司灵活便捷的放贷机制，较好地适应了科技中小企业的融资需求，有利于科技中小企业快速获得融资。

（1）科技小额贷款公司发展的意义及优势

小额贷款公司服务于科技中小企业有天然的优势。一是小额贷款公司是省市金融部门批准成立的，经过了层层审核，诚信度较高。小额贷款公司有利息上限的限制，利息相对较低。二是放贷更迅速。小额贷款公司目前贷款金额5万元至250万元不等。期限比较短，一般在一年以内。由于程序简便，两三天就可放款，特别适合短期有资金需要的科技型中小企业。三是担保方式灵活，对于科技中小企业而言，缺乏固定资产担保品是其无法从商业银行获取融资的主要障碍，而小额贷款公司灵活的担保方式更适应科技型中小企业的贷款特点。目前，小额贷款公司已成功为科技型中小企业提供了股权质押、知识产权质押等灵活多样的贷款担保方式。

（2）吉林省科技小额贷款公司的运营模式

在《关于小额贷款公司试点的指导意见》发布之后，各地都在积极筹建小额贷款公司。截至2016年年底，全国共有小额贷款公司8673家，贷款余额9273亿元，从业人数超过10万人。然而，其中为科技中小企业设立的科技型小额贷款公司并不多见。

由于科技小额贷款的高风险性，使小额贷款公司必须优化运营模式、盈利模式，才能实现可持续经营。吉林省的科技小额贷款公司与长春新区、相关高新科技园区（孵化器）的合作则是一个比较好的双赢模式。从小额贷款公司来看，联合高新科技园区共同设立，可以使小额贷款公司获得比较稳定的科技中小企业贷款项目来源，而高新科技园区对企业的了解也会降低一定的贷款风险。对于高新科技园区而言，小额贷款公司作为孵化器内的小额贷款公司，除了能直接为企业提供资金来源，还能以资本为纽带加深孵化器和企业之间的紧密联系，提高孵化器为科技型中小企业服务的功效，实现双赢。

### 3. 构建并激发科技融资平台的活力

（1）科技融资平台的内涵

科技融资平台是为科技型企业提供投融资服务，促进科技与金融结合及科技成果转化，引导金融要素关注和参与科技型企业发展的服务体系的总称。吉林省科技投融资服务平台应面向市场，以政府投入为引导，企业投入为主体，金融资本、民间资本等积极参与的多元化、多渠道的服务平台，实现科技成果与资本的对接，构建集科技风险投资、信贷、科技贷款担保、信托投资、企业融资中介服务、政策、信息服务、企业项目推介为一体的科技投融资服务平台体系，为科技进步和企业自主创新能力提供有效支撑。平台以会员等形式联合相关风险投资机构、商业银行、担保公司、信托投资公司、中介机构、科技创新型企业参加科技投融资平台体系。吉林省各级科技主管部门发挥行业主管部门优势，提供政策、信息服务和企业项目资源，促使平台会员互取所需，紧密合作，为技术创新活动提供有力的资金支撑和保障。

（2）建立科技融资平台的优势

科技融资平台是解决科技型中小企业融资困境的另一条有效途径。与直接信贷模式相比，科技融资平台具有独到的优势。

一是融资门槛低，科技型中小企业更容易获得贷款。科技融资平台一般会引入担保公司担保，增加了科技型中小企业的信用，降低了银行的信贷风险。同时，科技融资平台发放贷款的过程中，对于抵押品的要求及科技型中小企业的反担保要求也较低，也降低了科技型中小企业的融资门槛，使科技型中小企业更容易获得贷款。

二是融资成本低。科技融资平台由于有政府引导资金注入，贷款的利率一般为基准利率或基准利率上浮很小幅度，利息成本较低，同时担保费用也较低。

（3）建立新型的科技融资平台

要使科技融资平台发挥应有的作用，就必须扩大科技融资平台的筹资范围，将大型股份制商业银行、产业投资基金、风险投资基金等纳入其中，还可以考虑以发行信托凭证等方式进行筹资，以多种方式吸引资金，保证融资平台的顺畅运转。

通过平台建设可实现科技贷款的网上预申请功能，有融资意向的科技型企业选择银行的科技金融产品，按照要求提供完整资料并提交数据，进行网上预申请。客户经理在线下完成对企业提交的资料进行初审和尽职调查，直至最后完成或终止该项业务。这将是银行以科技手段服务科技企业的有益尝试。通过这张“网”，银行服务可以实现24小时在线接受企业咨询，收集企业材料并在线下对接，为企业提供行业分析、金融资讯等综合服务。“线上申请，线下放款”的不间断金融服务会让更多科技企业感受到金融支持的无处不在。这将开启科技金融的电子化新时代。

## 二、建立新型的科技融资中介机构

科技中介是指为科技创新主体提供社会化、专业化服务以支撑和促进创新活动的机构，它面向社会开展技术扩散、成果转化、科技评估、创新资源配置、创新决策和管理咨询等专业化服务，对政策、各类创新主体与市场之间的知识流动和技术转移发挥着关键性的促进作用，能够有效降低创新成本、化解创新风险、加快科技成果转化、提高整体创新功效。科技融资中介是科技中介中的一种，它专门为科技企业与融资机构两者提供信息对接、咨询评估、融资产品设计等服务。

从国外的发展经验来看，科技融资中介的种类主要包括以下三种类型：一是科技项目评估机构。项目评估既包括对高科技企业或者科技项目的知识产权的估价，也包括对未来市场前景的评测。评估机构的评估报告既可以作为投融资双方进行投资活动的基础，也可以作为上市审批部门对申请上市的高科技公司资产规模评价的依据。二是投融资管理顾问公司。这类公司有两种类型，一类是专门为投资公司提供服务的，它们受投资机构的委托，收集有潜力的高科技项目并对项目进行初步的筛选和评估，以使投资者节省精力，专注于极具潜力的项目。另一类是专门为高科技公司服务，帮助企业制订商业计划书，为企业提供融资顾问服务，并协助进行谈判。三是专业融资担保公司。融资担保资金由政府财政和国有资产管理公司提供。这是政府对高科技企业和风险企业进行扶持的主要形式之一。

### 1. 科技融资中介的重要作用

科技融资中介的重要作用就是连接数目众多的科技创新企业与投融资机构的桥梁。目前在科技企业融资过程中，存在着一系列的市场和信息障碍，科技企业投融资受到阻碍。科技融资中介可以为科技企业和投资融机构提供优质信息、监督经营活动和信用担保等服务，降低科技企业及投融资机构的信息收集成本，也可以通过对融资产品方式的设计、帮助企业进行融资前的准备等方式提高科技企业获得投融资的成功率。充分发挥科技融资中介的功能，对于促进科技型企业与投融资机构的密切合作，切实解决科技企业的融资难题具有重大的意义。

**2. 中国科技融资中介发展的现状和问题**

从科技融资中介发展的现状来看，虽然发展速度较快，但科技融资中介的服务功能仍不全面，满足不了科技型中小企业及投融资机构日益多元化的需求。

（1）科技项目评估中介缺失

科技项目评估应是科技融资中介的重要功能之一。对于大多数银行等金融机构而言，由于没有专业的科技项目评估机制，也缺少专业人才，往往无法对科技项目的发展前景、知识产权的实际价值做到有效合理的评估。由于高新技术层出不穷且涉及面广，每家金融机构自行组织科技项目评估无疑将耗费大量的人力和财力，而且会造成资源的重复与浪费。目前有些金融机构将科技部等政府机构对科技项目的评估当作审贷参考，但政府评估毕竟是政府内部操作，市场公信力较弱，科技开发贷款失败的先例使金融机构无法完全信任政府的科技项目评估结果。因此，建立专业的科技项目评估中介机构将是沟通科技企业与投融资机构最好的桥梁。但从目前国内科技融资中介发展的现状来看，还缺乏专业的科技项目评估中介，这也是导致高新技术企业难以从金融机构获取融资的重要原因。

（2）科技担保机构鱼龙混杂

由于科技企业贷款担保难，全国各地都在大力兴建担保机构，试图为科技企业提供融资担保，借以解决科技企业融资难的问题。然而担保机构虽然数量激增，但准入门槛较低，造成科技担保机构鱼龙混杂，一些担保机构从事业务的合法、合规性堪忧，甚至有担保公司借反担保之名骗款潜逃的案例。

（3）科技融资中介业务单一，综合性经营能力不强

目前科技融资中介多为单一业务中介，如保险经纪公司、担保公司、投资咨询公司等，业务范围较窄，经营实力较弱，还没有出现综合性的科技融

资中介，众多的科技中介机构也造成信息流动的不畅通，增加企业信息收集成本。

**3. 创建新型科技融资中介**

吉林省要进一步发挥科技中介连接科技企业及金融机构的桥梁纽带作用，一方面要充分扩展目前科技中介的融资功能，另一方面要建立创新的科技融资中介。

（1）建设中介机构聚集区

支持外资和民营资本在长春新区发起设立证券公司，积极引导合格市场主体设立小微证券公司，力争首批获得全国小微证券公司试点。支持东北证券和恒泰长财证券设立基金公司，支持证券期货公司在吉林省设立分支机构，加强综合业务平台和区域管理中心建设。大力发展会计师事务所、律师事务所、信用评级机构、资产评估机构等中介机构。

（2）创建科技项目评估机构

创建科技项目评估的权威机构，通过市场化的运作模式，为科技企业提供客观的项目运作前景，也为融资机构对科技项目及企业的成长前景评估提供参考。科技项目评估机构可以由政府、商业银行、风险投资机构、保险公司等收益人联合出资设立，进行规范的市场化运作，建立高新技术产业各个领域中的专家联系制度，对于科技项目的发展前景进行匿名评定，综合评审后出具科技项目评估书，为金融机构向科技型企业发放融资提供参考。

（3）创建知识产权评估机构

由于吉林省各类技术产权交易市场、知识产权交易市场发展得不充分，市场科技项目及知识产权的价值评估制度不健全，对技术、专利等无形资产定价能力不足。市场定价能力的不足直接导致银行对知识产权的评估困难，使得银行偏好以土地、机器设备等固定资产作为抵押品，而固定资产又是科技型企业最为缺乏的所有物，由此致使科技企业难以从银行获得贷款。在发达国家技术成果和专利等无形资产抵押贷款这一工具已是较为广泛使用的融资工具，但在国内由于缺少具备公信力的权威科技项目及知识产权评估认证机构，使得融资机构难以接受知识产权质押融资，因此，要不断完善和发展知识产权交易市场，并依托市场建立知识产权评估机构和机制，从而使一大批拥有自主知识产权的科技型中小企业得到资金扶持。

（4）建立新型的科技企业信用增进及担保机构

目前吉林省为科技企业提供服务的信用担保机构一般为针对银行贷款的信用担保，针对科技企业通过资本市场直接融资进行担保的服务少之又少。2009年成立的中债信用增进投资股份有限公司填补了这个空白，吉林省目前尚无专业增信公司。除此之外，担保机构的实力不强也是制约担保机构为科技企业直接融资提供担保的因素，因此，吉林省应成立新型的科技企业信用增进公司，扩大担保机构实力，鼓励担保机构联合起来壮大力量为科技中小企业通过债券市场、银行间市场融资提供有力保障。

## 三、加快科技租赁公司的发展步伐

金融租赁是指出租人按承租人的特定要求，向承租人指定的供货人购买实物财产，并以分期偿还该财产的全部或大部分购置成本，向承租人收取租金的一种交易。金融租赁是科技金融的重要组成部分之一，但作为“非主流”的融资方式，其一直以来没有受到中国高新技术企业和学术界的重视。

**1. 金融租赁在解决高新技术企业融资上的优势**

国外金融租赁的发展程度较高，为高新技术企业特别是科技型中小企业提供了重要的金融支持。相对于高新技术企业其他的融资方式而言，金融租赁具有适合科技型中小企业融资特点的独特优势。第一，融资门槛低。由于高新技术企业，特别是科技型中小企业缺乏固定资产的特性，它们大多缺乏足够的抵押和担保资产，难以满足银行贷款的条件，因此，高新技术企业很难在银行等金融机构获得贷款。而金融租赁拥有使用权和所有权分离的特点，出租人在整个租赁期间拥有租赁物的所有权，出租人承担的风险较低。因此，相对于银行等机构，金融租赁公司不太看重高新技术企业的过往业绩和财务实力，而更看重高新技术企业的成长潜力，只要高新技术企业的未来现金流足够支付租金，即使其总体资信能力不够强，资产负债率较高，也可以获得金融租赁公司的金融支持。第二，手续便捷，效率较高。基于风险控制的需要，银行在发放科技贷款前要对企业的资信情况进行严格审查和层层审批，因此，高新技术企业获得银行贷款的手续烦琐，效率低下，且成功率也较低。而金融租赁公司对高新技术企业的资信能力要求较低，它们对高新技术企业的信用审查主要限于项目本身，信用审查的手续便捷，效率更高。另外，从银行获得科技贷款后，高新技术企业还要再进行设备采购、安装，这延长了建设周期，不利于高新技术企业保持技术的领先性，提高技术竞争力。金融租赁集融资和融物于一身，减少了许多中间环节，节约了时间，使高新技术企业能在最短的时间内获得设备的使用权，尽快形成生产能力，有利于快速行动，确立和保持竞争优势。第三，成本较低。金融租赁的成本较低，虽然金融租赁的租金一般比银行同期贷款利率高2%～3%，但银行中长期贷款往往有许多限制性条款，如保持一定数量的流动资金、定期等额偿还、留有补偿性余额、对抵押的限制等，这实际上提高了贷款的实际利率。银行贷款的限制性条款还可能会制约高新技术企业的生产经营活动，还加大了高新技术企业使用银行贷款的成本。而金融租赁限制条件少，在高新技术企业支付租金中，已包含了该项项目评估费用、设备采购过程中的运输费、保险费等。此外，由于租金计入成本并在税前列支，金融租赁相对银行贷款更能减轻高新技术企业的税负，实际上节约了成本。

**2. 科技金融租赁公司发展中存在的问题**

尽管金融租赁在支持高新技术企业发展中可以发挥较大作用，但目前中国金融租赁公司的整体发展水平还不高，仍存在诸多问题。第一，内部管理不规范，资金实力较弱。由于中国金融租赁业起步晚，在发展过程中又受到诸多限制，因此，现阶段中国的金融租赁公司普遍存在内部管理不规范，资金实力弱、信用缺失的问题。同时，金融租赁公司受政府的重视程度不够，缺乏财政资金支持和信贷政策支持，这使得金融租赁公司严重缺乏发展业务的资金保障，进而又阻碍了金融租赁公司自身的发展。另外，这些规模小、资金实力不足的金融租赁公司大部分均处于高杠杆经营之中，这增加了整个金融业的风险，降低了行业的抗风险能力，加上中国缺乏健全的信用保险，一旦承租人违约，处于负债经营状态的金融租赁公司也加大了违约的可能性，这使金融租赁公司行业风险高度积聚，出现信用度降低等运营困境。第二，缺乏统一的管理机构。金融租赁业管理混乱。目前中国金融租赁业没有一个统一的协调管理机构，金融租赁公司长期处于多头监管的状态，如国内的金融租赁公司由银监会管理和审批，属于中外合资的租赁公司由商务部负责管理和审批，不同部门的政策不同造成不平等待遇，导致整个行业对发展方向、发展重点、发展速度等问题上的部分认识盲目而混乱，严重影响了金融租赁业的健康发展。第三，高新技术企业利用金融租赁的意识不强。受传统观念影响，金融租赁这种先进成熟的融资模式并没有被中国多数高新技术企业和经营管理者所认识和认同。长期以来，中国大多数高新技术企业的经营管理者更习惯自行购买设备，而不是租赁设备，这种落后的经营意识使得金融租赁在中国社会经济中的推广和发展受到很大限制。大多数高新技术企业对于金融租赁仍然十分陌生。事实上，对于高新技术企业来说，如果企业以传统方式自行购买设备，将花费更多的资金，购买的设备也很可能由于市场发生的变化而闲置，同时还会扩大企业的资金需求，而金融租赁可以帮助企业以较低的成本取得测试仪器或设备的使用权，满足企业的需求，也使企业规避了市场变化带来的风险。第四，政策重视程度不够。中国金融租赁业是在国家相关法律法规不健全的环境下产生发展起来的，至今中国尚未像其他发达国家那样颁布金融租赁的专门法律或管理条例，在处理融资租赁问题时，只能参照有关法律和法规来解决。政府对金融租赁的认识仍然停留在金融租赁的初级阶段，即企业可以采用金融租赁进行设备购买等简单融资，尚未认识到金融租赁还可以作为高新技术企业的一种主要融资方式。因此政府不仅没有给予金融租赁业足够的政策优惠和支持，并且还在诸多政策方面加以限制，如信贷政策方面，金融租赁公司不能享受如同商业银行的利率优惠；在税收政策方面，中国仅对外资租赁公司有一定的税收优惠，大量的中资金融租赁公司不仅没有享受税收优惠，反而存在多重纳税的情况。

**3. 积极创新科技金融租赁机构**

2008 年年初，中关村科技园推出了全国首家科技租赁公共技术服务平台，由东方集成公司负责其具体的运作，以租赁的方式为科技园区内的科技企业提供研发过程中使用的电子测试仪器、分析仪器、科学仪器设备以及个人电脑、服务器、网络设备等各类仪器设备的短期综合使用服务。科技租赁公共技术服务平台自建成运行以来，已为国内数百家科技企业提供了服务，形成了园区管委会、科技企业、科技租赁公司三方共赢的局面，华为、中兴、普天、大唐等公司已成为东方集成的稳定客户。

大力推进吉林省科技金融租赁机构的建立，要从三个方面共同努力：一是要积极引导科技企业使用金融租赁方式获得大型研发设备，加大对科技企业的宣传力度，通过宣讲会、论坛等活动促进企业对金融租赁的认识。二是要积极组织设立金融租赁机构。可以引导商业银行、大型科技企业与政府联合出资设立具有一定实力的金融租赁机构，也可与外资租赁机构合作，按市场化运作原则，建立科技企业所需要的电子设备实验室。三是要积极优化科技金融租赁公司外部环境，促进科技金融租赁的发展。政府及金融租赁理论研究者应加强政策扶持、理论研究、建立健全高新技术企业信用体系，为高新技术企业金融租赁的发展营造一个良好的外部环境。首先，吉林省应建立起一套比较完善的调整高新技术企业金融租赁的制度体系。这套体系应有别于其他信用方式的制度体系，同时也应该体现高新技术企业在发展过程中对金融租赁需求的特点。其次，还应该加强政府的政策支持。在财税政策方面，应该统一营业税税基，进一步降低营业税税率，允许对设备加速折旧及自主决定折旧方式，允许承租人支付的租金全部或部分摊入成本，以减轻承租人的负担，对符合国家产业政策发展的租赁项目可以享受投资减税优惠，明确售后的流转税政策，视同一个融资交易，只征一次税。在信用保险方面，可以借鉴国外先进经验，建立租赁信用保险制度来保护租赁机构利益。

此外，吉林省完善科技金融机构体系还应该加快设立金融租赁公司、消费金融公司、汽车金融公司、企业财务公司。进一步丰富金融业态，引导非银行金融机构突出核心主业，发挥功能优势，适应吉林省科技企业多元化、多层次金融需求。

支持按准入条件和程序设立支付机构，积极引进一批国内具有市场影响力的支付机构在吉林省设立区域总部或分支机构，开展区域性乃至全国性的支付业务。扶持特色鲜明、自主创新能力强的支付机构在城市圈内拓展业务，促进产业聚集。推动符合条件的机构依法发起设立网络借贷、网络证券、网络保险和网络基金销售等依托互联网为运营载体和销售渠道的创新型机构。

## 第二节 创新科技金融产品体系

吉林省要形成深度融合的科技金融体系，除了科技金融机构的创新，还要进行科技金融产品与服务体系的创新。通常意义上的科技金融产品与服务体系即指科技金融体系中子系统本身及子系统之间相互合作产生的针对科技企业的金融服务产品。

## 一、科技信贷产品创新

从目前中国科技金融产品的使用情况来看，科技信贷仍然在支持科技企业发展方面发挥着较大作用。进一步加大科技信贷产品创新力度是更好地支持科技企业发展的需要。借鉴国内外经验，吉林省科技信贷产品的创新应主要包括以下几个方面。

### 1. 积极开发孵化器融资业务

高新技术创业服务中心，简称创业中心，国际上一般称之为企业孵化器（Business Incubator 或 Innovation Center），它是一种新型的社会经济组织，指一个集中的空间，能够在企业创办初期举步维艰时，通过提供低成本的研发、生产、经营的场所、通信、网络与办公等方面的共享设施，降低科技企业的创业风险，对高新技术成果、科技型企业和创业企业进行孵化，以推动合作和交流，使企业“做大”。科技企业孵化器在科技产业化方面起着举足轻重的作用。无论是发达国家还是发展中国家，企业孵化器的发展与这个国家科技发展水平和科技创新进程息息相关。

20 世纪 50 年代的美国，伴随着新技术产业革命的兴起，科技企业孵化器开始出现，并在孵化和培育中小科技型企业，推动高新技术产业发展、振兴区域经济、培养新的经济增长点等方面发挥了巨大作用，引起了世界各国的重视，孵化器也因此在全世界范围内得到了较快发展。科技企业孵化器作为国家创新体系的重要组成部分，也得到了我国各级政府的重视。1987 年 6 月中国第一家创业中心武汉东湖创业服务中心成立。

正是因为科技孵化器的重大作用，扩展科技孵化器的融资功能也是支持科技企业发展的重要方向，“零户统管”的财会金融制度是其发展方向之一。“零户统管”是指区内孵化企业自愿参加区内中小高新技术企业服务中心（担保机构），在保持资金使用权和财务自主权不变的前提下，企业不设银行账户会计，服务中心统一管理银行账户会计人员、资金结算和会计核算工作，是集会计服务、监督管理和信用担保为一体的一种新型会计管理体制。这种制度创新能有效地规范高科技中小企业财务运作，提高会员孵化企业的整体信用，壮大其资金实力。这种“集散成多，统一账户管理”的新型会计制度，有助于减少企业融资的信息不对称，可以使担保机构为孵化企业提供更多的信贷担保服务，同时，由于企业融资信息不对称的减少、整体信用的提升，也为其他金融机构、天使资金的进入创造了条件，它有利于高科技孵化企业的信用提升、规范制度的建立，进而提高信息效率、融资效率，成为科技中小企业的又一条新的融资途径。吉林省应充分利用科技孵化器的优势，充分实现其融资功能。

**2. 继续拓展知识产权质押贷款业务**

知识产权担保融资是一种新的融资方式。它为创业企业获取资金提供很好的思路。知识产权融资过程中最为重要的步骤是知识产权的评估。就目前中国知识产权质押贷款业务的发展情况来看，知识产权交易市场的不完善制约了知识产权质押贷款业务在科技金融机构中的采纳与扩散。其原因有二：第一，限制了知识产权的自由转让，提高了转让成本。在科技企业违约时，金融机构很难通过知识产权交易市场处理质押品，给金融机构带来了风险。第二，难以形成完善的知识产权评估机制。知识产权定价机制的缺失直接造成知识产权的估价困难，使得金融机构无法准确确定放贷金额。

因此，吉林省要继续拓展知识产权质押贷款业务，首先，要完善吉林省的知识产权交易市场。其次，要依托知识产权交易市场建立知识产权专业评估机构，双管齐下，共同促进知识产权质押贷款业务的发展。

**3. 大力发展集合贷款业务**

科技中小企业集合贷款，是指在同一领域或同一地域，多个中小企业联合，由担保中心提供担保，采取“统一管理，统一授信，统一利率”的方式，向银行申请贷款的一种贷款形式。由于科技中小企业的数目众多，使得集合贷款业务具有广阔的市场前景和强大的生命力，科技中小企业集合的方式可以是以产业链为纽带，以龙头企业为核心，带动周边中小企业的集合，也可以是通过行业协会、行业联盟、互助联盟等形式形成的中小企业集合。通过政府搭建的公共服务平台，引入第三方增信机制，实现信用增进，从而获得银行贷款。

这种打捆贷款的方式对于支持中小企业科技创新、经济产业结构调整升级，拓展科技中小企业融资渠道，推动中小企业做大做强，发挥了重要作用。而对于银行而言，集合贷款使零售贷款变身为批发贷款，降低了单位贷款的成本，提高了贷款效率，同时多个企业集合加上担保公司担保，降低了银行信贷风险。

吉林省要更好地发挥科技中小企业集合贷款的优势，首先，要组织和协调中小企业的“集合”。中小企业数目多，每个企业的特点都不相同，组成中小企业的集合过程中难免会出现“众口难调”的问题。可以充分发挥吉林省科技金融行业协会及行业联盟的优势，尽量选择发展水平相同或相近的科技中小企业抱团发展。其次，要有较为完善的第三方信用担保。鼓励担保机构为中小企业集合贷款提供担保，政府可对从事集合贷款担保的担保机构发放一定的风险补偿。最后，要鼓励银行开展科技中小企业集合贷款业务，对进行集合贷款业务的中小企业给予贴息，进一步降低银行风险。

#### 4. 探索投贷联动和银保联动模式

引导银行业金融机构与证券业及 VC（风险投资）、PE（动态市盈率）、天使投资机构等合作，针对不同企业特点和不同发展阶段，提供现金管理、支付结算、债券发行、并购重组、上市辅导等一揽子金融服务。支持吉林银行、吉林农信等发起设立投资基金，探索开展投贷联动模式和科技型企业直投业务。鼓励银行业金融机构与保险业合作，探索开展信用保险、责任保险、小额贷款保证保险等银保联动业务。

#### 5. 创新科技信贷产品

搭建吉林全省企业应收账款融资服务平台，推动科技企业应收账款抵押贷款业务发展，扩大动产质押、知识产权质押、股权质押、订单质押、仓单质押、保单质押、纳税信用贷和雏鹰贷、萌芽贷等贷款规模。加强科技企业信贷工作指引，开展科技企业信贷政策专项评估，并将评估结果与货币政策工具运用、综合执法检查、金融市场准入等挂钩，提高金融机构对科技金融政策的执行力和响应力。定期对各金融机构的科技金融规模及进步度、科技金融占比提升度、科技金融服务覆盖率、首贷企业户数和信贷规模、产品创新进展及科技金融综合服务工作进行考核评价与通报。

## 二、科技资本产品创新

包括集合债券、集合票据等在内的科技资本产品极大地满足了科技企业的融资需求。然而，目前这些科技资本产品的使用范围还较窄，仍有较多的科技企业无法进入债券市场或银行业市场进行融资。进一步加大对科技资本产品的创新仍然十分必要。

### 1. 创新担保方式推动集合债券发展

科技集合债券是运用信用增级的原理，通过政府组织协调，将中小科技企业进行捆绑集合发行的企业债券。该债券利用规模优势，合理分摊资信评级、发债担保、承销等费用，有效地规避了单个企业发债规模偏小、发行成本过高的弱点，使中小科技企业发行企业债券成为可能，为解决科技企业融资难的问题提供了新的途径。集合债券的发债方式，打破了以往只有大企业才能发债的惯例，对中小企业而言，降低了债券市场的融资门槛，对于支持中小企业的科技创新，促进中小企业的产业结构调整和升级，推动科技中小企业的可持续与跨越式发展，发挥了较大的作用。而债券利息可从税前利润扣除，也会对企业的财务管理结构起到改善的作用。

自 2007 年 3 月国家发改委发布《关于下达 2007 年第一批企业债券发行规模及发行核准有关问题的通知》以来，目前只在深圳、北京、大连三地发行了三只中小企业集合债，发行额度仅为 18.2 亿元。而且由于国家有关部门明确规定各金融机构、大型国企不准为企业债券发行提供担保，导致集合企业债券获得足够的担保增信十分困难，集合债券的发行陷入困境。

为解决这一难题，可以尝试组织担保公司进行“集合担保”。集合担保是一种创新集合债担保方式，由几家注册资本 1 亿元以上的担保机构组成统一担保人，对外以不可撤销的连带保证责任方式向债券投资人提供集合担保，对内责任界定清晰，各担保机构作为发行推荐人，对债券的不同发行人提供各自的全额担保责任。这种担保方式可在全国推广，进一步促进中国中小企业集合债券的发展。

### 2. 引进高收益债券融资方式

高收益债券是指信用评级较低的企业发行的、收益率较高的债券。在国外也被称为垃圾债券。通常发行高收益债券的企业都是中小企业，对于科技企业而言，发行高收益债券是其获取债券市场融资的重要途径，既推动了中小企业获得中长期资本支持，也有利于中小企业优化财务结构、改善公司治理，更将有利于丰富投资渠道，促进储蓄向投资转化，降低银行系统性风险。同时，发行高收益债券也比较符合科技型中小企业风险大、收益高的成长特性。

发展高收益债券必须坚持有序创新、风险可控的原则，在创新与风险中找到最佳的平衡点。首先，要实施合理的发行人市场准入及发行方式，实现市场有序扩容及道德风险防范的均衡。可考虑先由具有成长性的中小企业或创投机构针对特定投资者发行。其次，引入信用增进制度并推出相应的信用衍生产品，熨平信用违约风险波动性，实现风险有效分担及对冲。最后，要强化对高收益债券的有效监管，完善市场监管的预警体系及金融安全网，对高收益债券市场实施持续性监控。

### 3. 开发集合资金信托模式

信托投资公司办理资金信托业务时，可以按照要求为委托人单独管理信托资金，也可以为了共同的信托目的，将不同委托人的资金集合在一起管理，通常这种资金信托方式称为集合资金信托。科技企业集合贷款信托计划是集合资金信托的一种，是通过信托机构发起设立信托计划，将需要融资的科技中小企业捆绑，实行“统一担保、统一命名、分别负债、统一发行”，面向社会融资的一种融资模式，所募集的资金由委托银行向捆绑的科技中小企业进行统一贷款。

科技中小企业集合信托已率先在杭州市西湖区开始实行，冠名为中小企业集合信托债权基金项目，由政府引导资金及社会募集资金共同组成债权基金，引入担保公司担保，对所筛选出的科技型中小企业进行资金支持。截至目前已发行了三期，解决了近百家中小科技企业的融资问题。上海、浙江绍兴、安徽合肥、湖北武汉、北京怀柔等地纷纷响应，也推出了自己的中小企业集合信托。有效突破了传统的中小企业融资模式，不仅投资者到期回收投资本息有充分保障，更通过成批次地为中小企业提供资金支持，解决了其融资难、融资贵的问题，因此可考虑将该种集合信托产品在吉林省进行推广。

## 三、科技保险产品创新

目前保险机构为科技企业量身定做了高新技术企业产品研发责任险、关键研发设备保险、营业中断保险、出口信用保险、高管人员及关键研发人员团体健康保险和意外保险等保险品种，但是也要看到，科技保险发展程度还远远不够。主要表现在科技保险品种还较少，缺乏专门针对高科技风险的险种。在科技保险的市场份额中，出口信用保险占了绝大部分，尚不能完全满足科技企业的风险保障要求。要进一步推动科技保险业务的发展，除了借鉴国内外经验，引入国内外科技保险业务外，吉林省还要大力推动域内保险机构扩大已创新的科技保险业务，促进银行保险机构之间的深度合作。

**1. 积极引入专利保险**

专利保险属于知识产权保险的范畴，以被保险人已投保的专利受到侵害后的损失、被保险人侵害他人专利后的损害赔偿以及被保险人针对第三人侵害投保专利的行为进行诉讼的费用为保险标的，以专利遭到侵权为承保危险的保险的总称。设立专利保险将有利于科技企业保护自有知识产权，对于企业长远发展大有裨益。

1991 年，美国开始设立专利侵权责任保险，随后欧盟、日本也开设了专利保险，我国台湾地区也对专利保险进行了深入研究。专利保险按照理赔的范围不同分为专利侵权责任保险与专利侵权执行保险。前者的理赔重点在于损害赔偿费用和诉讼程序中的必要费用（如抗辩费用等），后者的理赔重点仅在于诉讼程序中的必要费用，而不涉及损害赔偿费用。中国专利保险的设立可先选择在高新区进行试点，试点成功后再在全国加以推广。

**2. 大力发展融资信用保险**

信用级别不高是科技企业融资难的重要原因。利用保险品种提高和增强科技中小企业的信用等级是一种重要手段，可以用来解决科技企业的融资难题。科技中小企业融资信用保险是指科技中小企业在向银行申请贷款时，银行为了保证贷款本息的及时正常回收，要求科技中小企业向保险机构投保。当科技中小企业不能归还贷款时，由保险公司代偿的一种保险方式。中小企业融资信用保险不仅可以降低银行的信贷风险，促进银行向科技企业提供贷款，而且还能够为保险机构开辟新的业务增长点。融资信用保险已开始在中国崭露头角，吉林省需要进一步加大推广力度，使其惠及更多的科技中小企业。

**3. 完善科技保险服务**

扩大小额贷款保证保险、贷款担保责任保险和内外贸信用保险规模，探索发展债券信用保险。加快推动商业健康险税收优惠试点在吉林省落地，扩大住房反向抵押养老保险试点范围，努力实现医疗责任保险、环境污染责任保险、安全生产责任保险全覆盖，扩大食品安全责任险、特种设备责任险覆盖范围，完善国产首台（套）装备的保险风险补偿机制。鼓励保险机构开展专利执行保险、侵犯专利权责任保险、知识产权质押融资保险、知识产权综合责任保险等业务，加大对出口企业和高新技术企业创新发展优势的服务和保障。大力创新内贸和出口信用保险，对规模较小、处于创业期的小微企业，试行县（市、区）政府出资统保信用险，提高信用险在吉林省小微企业的覆盖面。开展信用保险保单融资，帮助小微企业降低融资成本。支持保险机构发起或参与设立科技创业投资基金，支持保险机构通过股权和债权等方式参与科技项目、科技企业、高新技术产业开发区投资。创新保险资金运用方式，推进保险资金受托属地监管试点。

## 第三节　改革科技金融管理服务体系

从历史发展的角度来看，科技金融体系的自组织特征越来越明显，他组织逐渐由主导地位退居次要地位，但这并不意味着科技金融体系的发展不再需要政府的参与。相反，科技金融体系的这种特性给政府参与科技金融的深度融合提出了更高要求。政府将在科技金融体系的发展中扮演重要角色，吉林省的科技金融体系的创建与重构需要政策措施的大力配合。

### 一、加强组织领导和政策扶持

在吉林省全面深化改革领导小组领导下，成立省金融体制改革专项领导小组，统筹规划吉林省科技金融改革创新工作，明确目标任务，完善政策保障体系，统筹相关资源，形成上下联动、协同推进的工作格局。省直属相关部门要和金融监管部门一起，按照责任分工，发挥各自优势，密切合作，共同推进吉林省科技金融改革创新工作。各地要建立相应的工作机制，明确责任部门，制订工作方案，突出重点，破解难点，抓好落实。省直属相关单位和金融监管部门要切实加强与国家对口部门的汇报与沟通，争取国家对口部门的指导和政策支持。要切实加强各市州政府与省直属相关部门、各市州政府之间以及“哈长”城市群各城市之间的对接，切实推进中央赋予东北老工业基地振兴的各项政策和改革措施落地生根、开花结果。

为科技金融体系的发展创造良好的外部环境是政府的重要职能之一，良好的外部环境包括完善的公共信息平台以及优惠的财政税收政策等。政府应有针对性地实施一些优惠政策，调动科技金融机构的积极性，鼓励其进一步向科技企业发放融资。

**1. 财政税收政策**

统筹整合吉林省现有财政科技专项资金，引导和带动社会资本与金融资本加大科技创新投入。对成立科技支行的商业银行实施税收优惠减免与所得税退回，对新成立的商业银行科技支行实行3~5年的免税期，并对科技支行购买办公场所免征相关税费，尽可能地减少科技支行的负担。建立财税金融政策联动机制。系统研究推进科技金融改革创新的财政税收扶持政策，对纳入本实施意见的各项政策措施，有关部门要制定具体实施细则。认真落实科技企业孵化器、大学科技园研发费用加计扣除、固定资产加速折旧等国家鼓励科技创新的税收优惠政策，落实国家促进创业投资企业发展的税收政策和推广中关村国家自主创新示范区税收试点政策。

**2. 贷款利息贴息政策**

对于商业银行向吉林省内符合国家高新技术产业发展方向的科技企业发放的贷款提供贷款贴息，为通过知识产权贷款、股权质押贷款等方式进行融资的科技企业提供贷款贴息以降低商业银行科技贷款风险。

**3. 风险补偿及奖励政策**

各地要结合实际，建立健全科技金融改革创新风险分担和补偿机制，降低金融机构开展科技金融改革创新的风险。对于大力支持科技企业的金融机构提供一定的风险补偿资金，并对金融机构支持科技企业的情况进行奖励与通报，引导金融机构加大对科技企业的支持力度。省政府设立吉林省金融创新奖，增强金融机构开展科技金融改革创新的积极性。

**4. 完善金融人才引进政策**

加大金融人才特别是国际高端金融人才的引进力度，加强金融人才培训与国际交流，提高金融从业人员综合素质，为吉林省科技金融改革创新创造良好条件。

## 二、建立健全多层次资本市场体系

适合科技企业特点的资本市场融资，既可以满足科技中小企业的直接融资需求，又可以推动企业规范运作和管理，还可以促进科技型中小企业通过并购等方式迅速成长壮大，加快科技成果的转化与产业化，这一点，已经被世界各国风险投资的实践和新型资本市场的发展所证实。但是吉林省资本市场还不够强大，发展速度落后于国民经济增长的步伐，远远不能满足高新技术产业发展的需求，无法适应风险投资退出的需要。因此，应加快多层次资本市场建设。

**1. 加快培育科技企业上市资源**

一是鼓励科技企业改制并给予费用补贴。根据科技企业的特点，有针对性地组织开展上市培训工作。建立吉林省企业上市资源数据库和上市支持电子平台，对重点培育企业名录进行动态管理，加强对企业改制、上市过程的全方位综合配套服务。

二是加强与证券交易所的合作，建立与境内外证券交易所的良好沟通合作关系，加强联合推介，加强与证券交易所的沟通协调，加快企业上市进程，加强企业上市后的跟踪服务，促进企业规范发展。

三是加快推动科技企业在创业板上市。按照注册制的改革方向和多层次资本市场的发展趋势，建立全省优质科技创新企业上市资源数据库，做好优质科技型上市后备资源的培育与辅导工作，推动更多符合条件的科技型企业在交易所、“新三板”和区域性股权交易市场上市、挂牌融资，鼓励上市公司建立市值管理制度，并通过增发、配股、发行公司债等方式开展再融资。加快建立推动企业创业板上市的政策支持体系、上市促进体系、上市培育体系和信息支撑体系，发挥长春新区高成长企业资源丰富的优势，集中力量培育一批创新能力强、成长快、前景好的创业板上市企业。

四是加快推动科技企业在银行间市场融资，加强与银行间市场交易商协会长期全面合作机制建设，建立企业在银行间市场融资的绿色通道，鼓励科技企业在银行间市场发行短期融资券、中期票据、集合票据等融资工具。积极支持银行间市场交易商协会和中债信用增进投资在吉林的发展。大力发展企业票据融资市场，积极促进中小企业融资工具创新和票据发行规模。

五是加快推动科技企业债券融资，拓宽科技企业债券融资渠道，满足企业中长期发展资金需求，积极推动科技型中小企业发展集合债券，对发债企业给予补贴或贴息支持。

六是加快发展代办股份转让系统。支持东湖高新区代办股份转让系统制度创新，完善转板制度，促进市场活跃。大力培育试点企业资源，进一步扩大试点规模。尽快把吉林长春产权交易中心建设成为中国证监会统一监管下的全国性场外交易市场。

**2. 加快发展技术产权交易市场**

依托吉林省丰富的科技资源，创新技术交易服务模式，充分发挥技术资源的基础性作用。在扶持技术投资机构发展，推出技术投资基金、科技信托基金等创新科技金融产品方面，广泛吸引社会资本参与科技成果产业化，支持其发展成为国内较有影响力的技术交易市场。

**3. 加快发展知识产权交易市场**

支持设立长春知识产权交易中心，完善知识产权交易体系，促进知识产权转移转化，研究制订激励知识产权转化的各项政策，推进多层次知识产权交易体系建设。鼓励设立知识产权投资基金，保护国内知识产权，促进成果转化。支持推动长春文化产权交易所设立，引导金融机构参与合作，创新版权产业投融资模式，鼓励设立新媒体版权权益投资基金，创新基于版权价值的信用贷款模式，研究符合版权行业特点的保险服务。

**4. 建设科技资本聚集区**

引进和设立公募基金管理公司，大力发展各类私募基金管理公司。充分发挥吉林省股权投资基金、省创业投资引导基金等政府引导基金的作用，引导私募股权投资和各类风险投资基金聚集。鼓励创业投资、风险投资、私募股权投资基金投向优质“新三板”和吉林长春产权交易中心挂牌企业，解决挂牌公司融资需求。鼓励和引导符合条件的科技型企业发行公司债、集合债券、集合票据、区域集优票据、非金融企业短期融资券和私募债。建立健全科技型企业债务融资增信机制，降低科技型企业债务成本和债务融资风险。制定《高新技术企业发行高收益债券试点管理办法》，探索开展高新技术企业发行高收益债券试点。引导吉林省私募股权基金与国家新兴产业创业投资基金、科技型中小企业创业投资引导基金、国家科技成果转化引导基金等深度合作，积极争取国家资本加大对我省科技型企业的投资力度。

**5. 规范发展资本要素市场**

探索开展区域性要素市场准入门槛、参与主体资格、交易产品和交易方式的创新，努力提升服务实体经济的质量和水平。推动吉林长春产权交易积极开展股权登记、股权质押融资和股权转让等业务，探索实施做市商制度，使之成为企业投融资对接平台、企业改制规范平台和政府扶持资金运用平台，提升其为非上市公司金融服务水平。支持开展信托产品、私募债的登记交易，充分发挥好省政府已批准设立的各类要素市场的作用。支持合格发起人在长春建设区域性票据市场，支持各市州结合资源优势发起设立各类要素市场，鼓励证券期货经营机构参与吉林省区域性要素市场建设。

### 6. 建立知识产权交易流转市场

完善知识产权交易流转制度，规范知识产权交易行为。完善知识产权质押登记管理办法，规范知识产权确权、登记、注册、质押工作流程，优化知识产权登记、托管服务。加快知识产权评估服务体系建设，建立知识产权评估机构认证制度，提升知识产权评估机构服务质量。设立知识产权信贷风险补偿基金，加快发展知识产权融资担保和保险业务，对中小微科技型企业知识产权质押融资提供重点支持。完善知识产权质押物交易的相关规则，规范各类知识产权质押物交易行为。在吉林探索建立知识产权质物处置平台，推动知识产权交易机构通过转让、实施许可、出资入股等形式进行质物处置。鼓励金融机构与知识产权交易机构合作，研究制定知识产权专项债券和信托产品的相关制度，探索备案发行知识产权专项债券和信托产品。鼓励金融机构在长吉图开发开放先导区内先行开展知识产权资产证券化试点，结合当地实际选取部分企业率先发行知识产权集合债券，探索专利许可收益权质押融资等创新模式。

## 三、加快发展科技创业投资服务体系

在发展科技创业投资服务体系方面，吉林省可以从以下几个方面予以推动。

### 1. 加快发展天使投资和创业投资

鼓励天使投资和创业投资对具有创新精神、具有自主技术和具有市场潜力的创新型科技企业直接投资，积极落实国家对创业投资企业发展的税收优惠政策，创业投资企业采取股权投资方式投资于未上市中小高新技术企业2年以上（含2年），凡符合国家有关政策规定条件的，可按其对中小高新技术企业投资额的70%抵扣该创业投资企业的应纳税所得额。

**2. 加快培育战略性机构投资者**

充分发挥股权投资发展基金引导作用，发挥科技产业投资基金、绿色产业投资基金和文化创意产业投资基金的带动作用，鼓励市场化股权投资机构发展，鼓励各类资金投资于吉林省的股权投资基金，鼓励社保基金、银行资金、保险资金、信托资金、域内外合格机构投资者和成熟个人投资者参与吉林省市场股权投资基金业发展，丰富股权投资资金来源，拓宽高新技术企业融资渠道，培育一批有较大影响力的机构投资者。

**3. 设立科技保险机构**

抓紧创造条件设立法人科技保险公司、产业保险公司、人身保险公司、健康保险公司和保险专业中介机构；支持保险公司在长春新区设立科技保险专营机构；探索设立服务科技保险发展的综合性保险中介服务集团；鼓励有条件的机构发起设立再保险公司，建设区域性再保险中心。

**4. 加快发展股权投资管理机构**

鼓励在吉林的股权投资管理机构提升管理水平，加强团队建设，加强投资管理。吸引一批优秀的外资股权投资机构在吉林设立管理公司，发起设立股权投资基金，对外资股权投资在资本金结汇等方面给予先行先试的政策支持。充分发挥外资股权投资机构管理经验丰富、融资方式多元化、退出渠道多样化等优势，加强与境内股权投资机构的合资合作，提升股权投资机构的国际化水平和综合竞争力。

**5. 加快股权投资服务平台建设**

以市场化方式搭建股权投资服务平台，加强吉林省内股权投资基金与银行、证券、保险、信托等相关金融机构的合作，为股权投资机构在基金设立、基金募集、中介服务、人才招募、项目信息、项目退出等环节提供专业化服务，促进股权投资机构在吉林省发展，打造一批国内外有影响力的股权投资机构投资者、管理机构、管理人才和中介服务机构。

## 四、完善多维度的科技金融监测评价体系

完善的科技金融的外汇、信息、监测、评估服务体系，是构建吉林省科技金融体系的重要内容，可以从以下几个方面予以推动。

**1. 积极争取适合科技企业的外汇管理政策**

进一步改进对科技型中小企业的外汇收支管理，积极培育外汇市场，在现在的外汇远期、掉期等汇率风险管理工作的基础上，大力推动人民币汇率避险产品的发展。吉林省应积极支持高新技术企业的贸易及投资活动，促进贸易投资便利化；加强对高科技园区企业管理人员的培训，加强外汇管理法规的宣传、改进宣传方式，积极提高工作效率。

**2. 建立高新技术企业信贷政策导向效果评估体系**

将商业银行支持高新技术企业信贷业务开展情况纳入信贷政策导向效果评估范畴。启动年度吉林省商业银行高新技术企业信贷工作评比表彰活动（依据各家银行活动期间信贷政策执行效果情况）；开展科技金融专项信贷监测工作，探索开展对特定区域企业的科技金融信贷数据监测工作，尝试建立科技金融监测分析框架，夯实科技金融调研分析的数据基础。

**3. 建立科技中小企业信息服务体系**

吉林省应建立健全针对科技中小企业的信用信息归集与共享体系、信用评价体系。充分利用人民银行企业和个人征信管理系统，依法归集和整合连通工商、税务、海关等部门的科技企业基础信用信息库；加强企业信用信息的推广使用，建立和完善企业信用信息共享机制，实现政府、银行和投资者对科技企业信用信息的共享；制定和完善科技企业信用信息采集、使用和共享制度，推动统一征信平台建设。

**4. 加快科技企业信用评价体系建设**

吉林省应建立科技金融工作促进机制。组建由政府部门、金融机构、投资机构、信用评级机构、会计师事务所、审计师事务所等机构共同参与的吉林省科技金融信用体系建设促进会，开展对科技企业进行综合信用评定，确定企业信用等级，建立信用评级结果跟踪和定期发布机制，建立信用增进机制，创新信用增进模式，采取企业集合增信、担保公司联合增信、再担保公司放大增信规模的方式，为科技企业直接、间接融资提供信用增进服务；树立守信企业典型，每年评选奖励50家信用良好企业，并鼓励金融机构为其降低综合融资成本；加强金融信用评级机构管理。规范信用评级机构及其从业人员的行为，增强信用评级机构的公信力，提高评级报告质量，扩大评级报告的运用范围。

## 五、深化区域科技金融合作

**1. 加快省域金融服务一体化步伐**

统一规划长吉图金融资源开发、金融设施配套、金融市场开拓和金融政策，形成聚合金融模式；加快推进长吉图区域信贷市场一体化、金融信息服务一体化、金融清算一体化和票据市场一体化；搭建以长吉图区域为重点的吉林省区域性票据平台，实现商业汇票承兑、贴现、转贴现等相关信息共享。推动长吉图区域科技金融服务一体化拓展到吉林全省。

**2. 推进省域金融机构管理与信贷保险市场一体化**

引导银行业金融机构科学规划、合理分工，积极探索建立长吉图区域银行分支机构管理同城化、信贷授权授信同城化等新机制；逐步实现公主岭、梅河口等省直管市银行业机构由省行直管体制；各银行金融机构要优先考虑在长吉图区域内设立产品研发中心、教育培训中心和金融市场中心等，不断完善长吉图区域内金融资源配置和综合服务功能。

**3. 加快相关科技金融服务创新**

鼓励各商业银行设立科技分行，鼓励金融机构在省内各高新技术开发区设立科技金融专营机构，实行单独运营、单独管理、单独核算、单独考核，并在资源配置上给予倾斜；未设科技金融专营机构的金融机构，也应按“专营、专业、专注、专享”的原则，指定专门部门、专门人员负责科技金融服务工作，对科技金融业务进行专项指导。搭建科技金融服务网格化管理平台，加强对全省科技型企业的金融服务；创新科技金融信贷管理体制，构建单独的信用评级体系、单独的授信审批机制、单独的产品研发与市场营销机制、跨业合作与风险分担机制、创新科技信贷退出机制；适当提高科技型企业不良贷款容忍度。鼓励以服务科技企业为中心的科技金融服务产业发展，认定和培育一批具有资质的科技金融服务中心。

**4. 提升科技金融资源配置能力**

制定吉林省金融服务业高端聚集功能区建设规划，完善金融资源配置和综合服务功能，提升区域金融管理营运、财富管理、支付结算、产品研发和教育培训等水平。推进长春新区全国性金融后台服务中心建设，争取更多金融机构后台服务中心落户长春新区，探索建立后台服务中心信息共享机制，构建金融后台服务大数据和信息共享平台。

5. 建设高端服务功能聚集区

支持有条件的机构在长吉图区域设立股权众筹、大数据、云计算等中介服务平台，为科技型企业通过互联网进行小额融资提供便利；引导各类创业投资机构和股权投资基金参与平台项目，支持和辅导处于初创期的众筹平台快速发展；在有条件的地区规划建设私募股权基金产业园区和基金小镇，吸引国内外大型股权投资基金及管理企业入驻，逐步形成私募股权投资行业的聚集区；组建面向中外股权投资基金及管理企业的服务平台，支持外资股权投资基金在吉林省发展，对外资股权投资基金和基金管理机构在注册登记、外汇管理、产业投资和退出机制等方面提供便利。

## 六、优化金融生态环境

1. 打造金融生态示范区

吉林省应加快建立促进科技创新的信用增进机制、科技担保和再担保体系，探索设立由政府出资控股的集信用评级与担保为一体的金融综合服务平台，充分发挥政府在科技型企业征信中的作用；鼓励金融机构、中介组织和科技企业发起设立企业信用促进会等促进科技企业增信的社会组织。鼓励高新技术产业开发区、民营科技园和专业镇等建设科技金融信用体系建设示范区；建立企业信用信息系统平台，推动建立全省科技型小微企业信息采集、共享、评价长效机制。推动开展小微科技型企业信用评级试点，鼓励与信用状况挂钩的信贷产品创新机制。支持社会信用服务机构进行信用服务产品创新。依法合规推进社会信用服务机构征信系统与省信用信息公共服务平台共享信息；研究制定吉林省科技型企业划型标准，支持有条件的单位设立科技信用评级机构，鼓励信用评级机构创新评级技术，建立针对科技型企业特征的信用评价方法和指标体系，为科技型企业提供更好、更专业化的服务。

2. 推动互联网金融服务创新

鼓励吉林省的金融机构运用互联网、大数据、云计算等新技术，整合行业资源，构建金融公共云服务平台，为大众创业、万众创新提供多元化金融服务；支持互联网企业依托互联网技术和线上线下资源优势，发起或参与第三方支付、移动支付、网络信贷、电商金融、众筹融资机构和基于大数据的金融服务平台；加强政策引领和窗口指导，支持互联网企业依法设立或参股金融机构。

### 3. 完善风险管控机制

建立吉林省的科技金融改革创新风险防范机制，健全地方金融风险预警体系；高度关注创新金融产品、新兴服务模式和跨机构、跨市场、跨领域金融产品与业务的潜在金融风险，切实做好风险监测、评估和预警工作；建立金融业综合统计制度，强化金融信息管理、实时监控系统和资金监测，防范系统性和区域性金融风险；严厉打击金融传销、非法集资、内幕交易、地下钱庄、非法证券期货交易等非法金融活动。

### 4. 加强金融理论研究

依托长春金融高等专科学校、吉林省科技金融研究中心，邀请吉林省有关高校和研究院所参与，加强科技金融改革创新和金融支持吉林省开放开发理论研究；定期举办各类培训交流活动，总结推广先进经验；加强科技金融改革创新宣传，形成有利于科技金融改革创新的良好氛围。

### 5. 加快健全科技金融人才培养体系

人才是科技金融发展的关键和核心，加快建立和健全吉林省科技金融人才培养体系至关重要。

第一，加快科技金融专业人才培养。在大学设立科技金融专业课程，专门培训专业化、懂金融、懂科技、懂管理、实战能力强的科技金融创新人才，满足政府部门、科研院所、金融机构、长春新区及科技企业的科技金融人才需要。

第二，加快组织科技金融人才培训。组织科技企业金融培训班，建设由金融管理部门、金融机构、专家学者、专业人士和科技创业者组成的科技金融讲师团，加强境内外培训合作，引进国际著名工商管理培训机构，加强本土培训机构发展，形成培训长效机制，使培训工作覆盖吉林省的主要科技企业。

第三，加快开展科技金融人才交流。组织吉林省金融和科技人才进行国内外交流合作，学习国际先进的科技金融产品管理和创新经验。加大海外高层次科技金融人才引进力度，加快培育本土化科技金融人才，对科技金融人才给予政策支持。加快科技金融人才聚集，形成东北地区的科技金融人才聚集中心。

# 第五章　吉林省科技金融风险控制

## 第一节　科技金融风险基本理论

### 一、科技金融风险的概念及特点

科技金融风险是指银行、风险投资、科技保险等金融机构在为科技型企业提供贯穿整个生命周期的金融资源配置、金融产品设计和金融服务安排过程中，由于科技企业自身所具有的高风险性间接导致金融机构面临的各类金融风险。由于科技型企业主要从事高新技术产品的科学研究、研制、生产和销售，与一般企业相比，专业性和技术性较强，再加上企业覆盖范围广泛，包括电子、信息、生物、医药、新材料、航空航天等众多领域，科技金融机构受自身知识领域所限，既无法准确地获得科技型企业技术创新的全部信息，也不能准确地评估科技创新项目的收益性，这种严重的信息不对称不可避免地会产生科技金融风险。

科技金融服务对象的特殊性决定了科技金融风险具有与一般金融风险不同的独特的属性。其一，科技金融风险较高且传导性较强。科技型企业是以科技创新为使命和生存手段的企业，科技创新贯穿于科技型企业的整个生命周期，因此科技型企业具有比一般传统企业更高的风险。在进行技术创新时，科技型企业需要大量的资金投入，然而自身条件又制约其无法提供足够的抵押物，这导致为科技型企业提供融资的金融机构不得不面临较高的科技金融风险。而且一旦创新失败，必然产生科技金融的传导效应。其二，科技金融风险与其收益不相匹配。通常来讲，风险和收益之间存在正相关性，高风险必然带来高收益，但是科技型企业却有悖常理，高风险却不一定会有高收益。譬如，在科技创新初期，为科技企业提供融资的金融机构面临着较高的科技金融风险，但是此时的科技型企业却往往没有任何收益。而随着科技创新项目的逐步推进，风险逐渐减弱，收益却不断增加。

## 二、科技金融风险的种类

科技金融风险是各类金融机构在为科技型企业提供金融服务时所产生的风险。根据提供的金融服务不同，可将科技金融风险分为银行信贷风险、风险投资风险和科技保险风险。

### 1. 银行信贷风险

在科技企业的各种融资活动中，银行信贷是最重要的融资形式。由于科技创新具有不确定性，这必然会导致科技银行不得不面临着较高的银行信贷风险。为了降低科技贷款风险，商业银行也不断进行金融产品创新，为科技企业量身定做适宜的信贷产品，如知识产权质押贷款、股权质押贷款等，但这些贷款方式在实际推广时却没有取得预期效果，推广难度较大，主要原因是科技企业普遍存在着知识产权尚未产业化、股权不清晰等问题，因而银行信贷风险也没有得到有效控制。另外，从科技信贷担保来看，由于科技企业在贷款时能够提供的担保物比较有限，担保机构对其贷款进行担保的积极性并不高，从而不能有效发挥担保机构分担科技银行信贷风险的作用。

### 2. 风险投资风险

风险投资是指一切具有高风险、高潜在收益的投资。风险投资一般以高科技、高成长潜力的企业作为投资对象，科技型企业恰好满足这一投资特点。当风险投资对科技型企业进行投资时，由于科技型企业的科技创新具有不确定性，这必然会给风险投资带来高风险。风险投资风险具有三个突出特点：高度的投机性、逐环传递性和损失的叠加性。在科技金融体系中，风险投资风险主要由管理风险、技术风险、资金风险和技术风险组成。管理风险是指风险投资的投资人由于在投资过程中没有重视考核科技型企业管理人员的管理能力和水平而导致投资项目失败所产生的风险；技术风险是指由于风险投资所投资的高新技术企业技术研发失败从而导致项目失败、无法顺利收回投资资本的风险；资金风险是指在科技型企业技术创新过程中，由于某个环节的技术创新出现资金断裂从而导致创新项目失败，风险投资不但未能取得预期收益反而遭受损失的风险；市场风险主要是指风险投资所投资的科技型企业虽然取得了科技创新项目的成功，但却未能被市场所接受，未能实现科技成果转化，从而没有给风险投资带来现实收益的风险。

**3. 科技保险风险**

科技保险是为科技企业提供风险保障，支持科技创新活动的保险险种。科技保险的目的在于为科技型企业转移和分散其在基础研发、生产经营、内部管理、产品责任等方面的风险，支持科技企业在缺少抵押、担保等情况下获得银行贷款，提高科技型企业可持续发展能力。科技保险的高风险性一方面来源于科技型企业技术研发的不确定性以及科技成果转化的高难度性。另一方面来源于保险公司自身。由于科技型企业覆盖面较广，保险公司在开发保险产品时不但不能因不同类型企业而异，而且保险条款和承保方式还比较单一，基本是同一模式，无法满足不同企业的保险需求。

## 三、科技金融风险的来源

科技金融风险来源于科技型企业，是由科技型企业的科技研发、生产经营、市场营销等产生的，影响科技型企业的各种因素都有可能产生科技金融风险。总体来说，科技金融风险的产生既有科技型企业内部原因，也有外部原因。

**1. 内部原因**

（1）企业财务管理不规范

科技型企业主要是中小企业，在财务管理方面普遍存在着各种各样不规范的现象。最为典型的是：财务制度不健全、开设多套财务账表，会计核算混乱、故意拖欠账款等。财务管理不合法的企业一般设立三套财务账表，一套账表用于企业向银行借贷融资，一套账表用于应对税务部门查税，而企业则自己留存相对较为真实的账目，这个问题使银行等金融机构很难掌握企业准确的财务数据，金融机构不得不花费更多的人力资源来收集企业真实的财务信息，增加了金融机构评估融资风险的成本。为此，金融机构不得不通过提高利率和增加一些限制条款的方式来降低融资风险，这最终影响了科技型中小企业的融资形象，加大了科技型中小企业的融资难度，从而导致资金匮乏。这种现象不仅影响了科技型中小企业的长期发展，而且也必然增加已为企业提供融资的金融机构的科技金融风险。另外，科技型中小企业还普遍缺少专业财务管理人才，致使投融资目光短浅，没有长远打算，只追求短期利益，忽略资本结构变化，从而更加剧了创业投资等注重长期收益的金融机构的科技金融风险。

（2）科技创新意识和能力不足

科学技术创新是科技型企业生存和发展的根本，是企业的核心竞争力。而核心竞争力又在很大程度上取决于企业的研发能力。与普通企业相比，科技型企业的利润水平和发展能力对创新意识及能力的敏感性更强。也就是说，科技型企业的创新能力越强，企业的盈利能力就越强，就越具有可持续发展力。科技型企业的主要技术创新工作是新产品的开发和新技术的研发，但大多数的科技型企业尤其是中小企业并没有意识到这一点。在成功地经过初创期之后，特别是进入成长期和成熟期之后，一些企业的创新意识便下降了，安于现状，不求进取，或者干脆采取模仿市场上销量大、利润好的产品，回避技术创新成效慢的问题。但模仿品一般在性能、质量、生产效率方面均无法超越现有水平，致使科技型中小企业不断丧失竞争优势。久而久之，这些科技型企业的自主研发能力就会越来越弱，出现技术瓶颈，丧失核心竞争力，甚至被淘汰。另外，还有一部分科技型企业虽然研发能力较强，但由于发展中只重视技术创新和产品研发，忽视知识产权保护，从而导致核心竞争力得而复失。总之，科技创新能力差、核心竞争力不强的科技型企业是不可能具有良好的发展前景的，其发展过程中必然会出现资金不足问题，也必然会产生科技金融风险。

（3）企业管理水平有限

科技型企业在管理运作过程中，由于信息不对称、管理不善、判断失误等情况都可能产生管理风险，涉及企业管理过程中的每一个细节。科技型企业主要是由科技人才组成，科技创新能力较强，但在管理方面往往是薄弱环节。特别是当科技型企业进入成熟期时，对管理能力的要求会更高，但大多数科技型中小企业却达不到要求，管理能力低下。它们组织结构松散，制度安排不规范，管理者领导能力极低，内部控制存在诸多漏洞。企业管理能力低下又进一步导致企业运作效率低下。主要反映在两个方面：一是企业盈利能力低；二是资金周转慢。这两者对企业融资极其不利，必然对企业的可持续发展带来制约，从而产生科技金融风险。

## 2. 外部原因

(1) 宏观经济政策变化

我国科技型中小企业资本实力普遍薄弱，受政策波动影响较大，特别是一些国家不予以鼓励支持的相关行业，经营环境不稳定。国家相关经济政策变化会对企业的市场环境、销售利润、融资条件均产生较大影响，企业不能及时适应、应对这种变化，会给企业融资造成很大障碍。科技型中小企业主要受国家科技型企业扶持政策和货币政策的影响。我国虽然出台了一系列扶植科技型中小企业的政策，包括税收优惠、政府专项拨款、贷款贴息和各种支持计划等，但是这些政策在实际执行中往往产生偏差，从三方面触发科技金融风险。一是优惠政策常常偏向于发展稳定、有可靠资金来源而无迫切资金需求的大中型科技企业，这不仅降低了社会资源的整体使用效率，而且也导致科技型中小企业发展所需的融资需求得不到满足；二是在具体实施政策时，由于缺乏综合评定科技型中小企业技术价值的判断标准，也使部分政策性资金流向了低技术价值的企业，而拥有高研发价值的企业可能因此无法获得政策扶持和优惠而处于被动局面，导致技术研发或生产的搁浅；三是由于银行等金融机构以自身利益最大化为目标，各部门之间不协调以及一些体制上遗留下的问题，使得这些政策的可行性不高，真正予以实行的很少。另外，对于科技型中小企业来说，当国家采取紧缩性的货币政策时，其融资难度就会更大，不是无法获取充足的资金，就是被迫提高融资成本，导致其不得不推迟研发进度，或者缩减生产、研发规模，经营风险加剧。虽然我国政府也相继推出中小板和创业板资本市场，鼓励企业在资本市场上直接融资，但由于科技型中小企业自身具有较高风险，与大企业相比，很难得到广大投资者的认同，也就很难通过发行股票这种直接融资方式筹集企业发展所需资金。

(2) 市场波动

市场是社会分工和商品经济发展的必然产物，联结着商品经济发展过程中的产、供、销各方。虽然充分的市场竞争可以使经济活动充满生机和活力，但也给参与各方带来了高度的不确定性。市场的这种不确定性给科技型企业带来的风险就是市场风险，主要体现在市场需求波动和利率波动上。科技型企业的市场风险是其各种风险中最为重要的风险之一。科技型企业通过科学技术创新生产的产品是否适销对路，直接决定了企业盈利水平和发展前景。

科技型企业的研发产品是基于对未来市场需求所作的主观预期判断，但由于研发过程需要经历筹集资金—技术研发—产品测试—成果面世这一较长过程，这期间市场需求的飞速变化可能会使企业的预期判断与实际市场需求发生偏离，致使销售盈利难以弥补研发过程中资金的投入，形成亏损。企业市场风险受到多方面因素的影响，如市场成熟度、行业发展状况、竞争激烈程度等。市场成熟度越高、行业发展越成熟、竞争激烈程度越小，企业面临的市场风险越小。科技型中小企业由于自身限制，且科技型中小企业多处于生命周期的初创期和成长期，企业整体实力不强，资本积累薄弱，市场营销能力不强，市场占有率低，难以拓宽新产品市场，难以有效寻找潜质客户，难以与大企业抗衡，市场风险很大。科技型中小企业极易受到外部环境变化的影响，受市场经济环境影响波动较大。对于社会市场经济条件的变化，企业调整能力和应对能力差，抗风险能力弱。市场风险破坏了科技型中小企业经营的稳定性，增大了融资风险，难以满足金融机构融资要求，融资难度加大。而利率是资金的价格，受资金供需、宏观经济因素等多方面共同影响不断波动，直接决定了科技型中小企业融资成本的高低，进而决定了企业的经营效益及发展前景。

（3）金融创新不足

我国在金融创新方面与国外尚有较大差距，目前主要在研究的项目是中小企业联保体制，该模式虽然增加担保，但是无疑风险会在一定程度上被放大，目前该模式仍不能得到有效实行。同时我国金融创新产品市场不发达，国外投资者特别是一些国外机构投资者，利用期权、期货等金融创新产品进行对冲操作，降低投资风险，而我国资本市场在这方面存在很多问题，如相关法律不健全、制度不完善、金融产品种类少、操作方法不规范等，这些问题使得金融产品不仅没有起到套期保值的作用，甚至还加大了风险。

（4）信息不对称

在科技融资过程中，科技型企业和资金供给方存在着明显的信息不对称。科技型企业往往处于信息优势地位，它们对自己的研发情况了如指掌，但由于技术研发是企业关键信息，一旦研发成功就会成为企业核心技术，关系企业生死存亡，所以这部分信息无法外泄，因此也就不能向资金供给方公开。科技型企业技术研发的这种特殊性导致资金供给方难以充分把握企业的技术研发价值，很容易引发逆向选择问题，从而导致资金从高成功率、高价值的科技型企业流向低成功率、低价值的科技型企业。更为严重的是，信息搜寻难度大会降低资金供给者对以后融资信息搜寻的积极性，再加上科技型企业自身传递信息的能力较弱以及融资市场传递信息能力受限等原因，逆向选择问题有可能在科技型企业融资中长期存在。作为理性投资者，为了回避这一问题，资金供给者不得不通过提高融资利率的方式将投资的不确定性转嫁给科技型企业，从而增加了科技型企业的融资成本，加重了企业的财务负担。另外，对于科技型企业尤其是中小型企业来说，为了顺利获得融资或降低融资成本，还可能存在道德风险问题，即故意隐瞒企业相关信息或编造虚假信息。

## 第二节　科技金融风险在企业生命周期中的分担

科技型企业在其生存发展的生命周期中，存在着阶段性的特点。虽然每一个发展阶段具有不同的发展特征，但却同样面临着融资问题。科技型企业应根据其生命周期特点采用不同的融资方式。由于科技金融是为科技型企业发展提供资金支持和金融服务的体系，因此，在此过程中，金融机构也会不可避免地随着科技型企业生命周期的变化面临着周期性的科技金融风险。科技型企业的生命周期大致可以分为 5 个阶段：种子期、初创期、成长期、成熟期和衰退期。

### 一、种子期的科技金融风险分担

种子期是科技型企业科学技术的酝酿和发明阶段。此阶段由于技术处于研发阶段，市场前景极其不确定，很多的技术只是发明者“一念之间”的想法，无法形成样品，更别说适销对路的产品了。此时，科技型企业不仅面临高新技术能否研发成功的技术风险，还面临着高新技术产品能否适应市场需求的市场风险，同时也面临着高新技术企业的管理风险。由于这一阶段科技型企业的风险非常高，不管是权益资本还是债务资本，都不愿意此时介入。即使介入，所投资的数额也极为有限，属于一种“试探性投资”。此阶段，科技型企业所需资金量相对来说并不多，一般资金来源于内源性融资，即创业者自有资本、合伙人入股、内部员工借款、亲朋好友借款、员工持股等，也有少部分为外源性融资。此阶段的外援性融资主要为各级政府为支持科技型中小企业而设立的政府扶持基金和风险投资中的“天使投资”。“天使”的美誉是因为它们是科技型中小企业的初期资金，是在孵化创业企业时得到的。“天使投资”是风投机构对初创期科技型企业的一次性前期投入。它的出现不仅弥补了种子期科技型企业的融资需求，促进了初创期科技型企业的发展，还完善了金融市场体系，为金融主体参与其他四个阶段提供了可能。风险投资家在种子期的投资并不多，只是其全部投资额中很小的一部分。风险投资家投入的种子资本通常不会超过全部风险投资额的十分之一。由于科技金融风险是指外源性金融机构的融资风险，因此，种子期的科技金融风险主要是由风险投资机构和科技保险机构分担，所要应对的科技金融风险主要为科技贷款风险、风险投资风险、科技保险风险等。

## 二、初创期的科技金融风险分担

初创期是科技型企业将科技项目研发成果从实验室转移到工厂进行产业化的阶段。这一阶段所需资金相对比种子期要多，因为这一时期的科技型企业虽然已具备了一定的发展基础，但还需与产业化生产相配套的厂房、设备等固定资产以及新产品拓展市场的有关资金。初创期内，科技型企业最重要的任务就是将高科技产品开发出来，并向市场进行推广。如果不能成功做到这一点，科技型企业可能面临破产倒闭的风险。此时，科技型企业虽然仍面临着同种子期一样的不确定性，但其不确定性却主要由多变的市场环境、客户对新产品的认可度等外部条件所决定，也就是说科技型企业更多面临的是产品风险、财务风险、市场风险等。在这一阶段，企业还不具备产品批量生产所需的相关生产设施，再加上技术的研发成本、样品的生产成本以及新产品推广市场的营销成本，致使企业的融资需求非常强烈。尽管科技型企业已经具备了一定的固定资产抵押物，但出于风险考虑，商业银行仍不愿意提供科技贷款。企业此时从外部获得更多资金支持的可能性很小，即使获得，也多为零散、小额的资金。此阶段，大多数科技型企业的资金来源于内部筹资、私人借贷、政府基金、风险资本、典当融资等。对于初创期的科技型企业来说，风险投资中的“天使投资”仍然是不可或缺的融资形式。因为天使投资人具有种子期的发展基础，他们了解科技型企业的高科技项目，具有比其他投资人更容易判断高科技产品市场潜力的优势。因此，风险资本投资者和中小额贷款提供者主要分担着此阶段的科技金融风险。当然，科技保险机构也可能参与科技金融风险分担。

## 三、成长期的科技金融风险分担

成长期是科技型企业高新技术发展和高新技术产品生产扩大的阶段，是科技型企业成长壮大、各方面走向正轨的发展时期。这一时期，科技型企业的高新技术产品已经初具规模，市场占有率逐渐扩大，企业利润不断增加。但此时企业的市场拓展能力和销售布局还未完全成熟，还需要扩大生产规模，提高市场份额，建立自己的品牌地位。此时，高新技术已经成熟，仿冒产品开始出现，科技型企业所面临的主要风险已由技术风险变为市场风险、管理风险和财务风险。尽管这一时期随着新产品进入市场，企业销售收入逐渐增加，形成了较为完善的资金链，现金流趋于稳定，风险较种子期和初创期有所降低，但这并不能说明企业的资金需求已经得到满足，企业不再需要外源融资。实际上，处于成长期的科技型企业还需要大量的资金用于技术改进、批量生产、开拓市场等，而且这一阶段的资本需求比种子期和初创期还要多。为了弥补这些方面的资金缺口，科技型企业仍需要选择银行贷款、风险投资、上市融资等方式进行外源融资。在成长期，科技型企业的发展前景比较明朗，投资者也比较容易获得企业的全方面信息，不确定性减弱，为企业创造了良好的外部融资环境，因此，容易吸引更多类型的投资资金关注企业发展。多样化的融资渠道使企业有了更多的选择，企业既可以根据自身需要选择银行、风险投资机构为企业提供资金支持，也可以通过创业板、新三板等金融市场进行上市融资，为企业打开了广阔的发展空间。一般来说，这一阶段主要的融资方式是银行贷款和风险投资，其参与主体也就是科技金融风险的主要分担者。

## 四、成熟期的科技金融风险分担

成熟期是指科技型企业的高新技术已经成熟、高新技术产品已经进入大工业生产的阶段。此时，科技型企业经过成长期的艰难探索，企业的各项指标已经趋于完善，产品有了稳定的销售渠道，并有了一定的市场占有率，规模达到顶峰时期，销售利润大幅增加，企业进入稳步盈利状态，同时企业管理正规化，抗风险能力强，可以说这一阶段的企业处于相对稳定的状态，不确定性降至生命周期中的最低点。为满足市场需求和可持续发展需要，成熟期的科技型企业不仅需要购置更多的设备、原材料，还需要进行高新技术的后续研发和产品的升级换代，需要不断地进行创新、不断地提高市场占有率，这都离不开资金的支持，此时企业的资金需求达到了有史以来的顶峰。尽管这一阶段资金需求量非常大，但前期投资的风险投资很少会在这一阶段追加投资。因为此阶段是风险投资的收获阶段，是最佳的退出时机。风险投资可以以较好的价格将企业交给其他投资者，他们可以选择 IPO（首次公开募股）、被其他企业兼并收购或股本回购等方式进行退出。因此，这一阶段，科技型企业更多依赖的是银行贷款和资本市场等方式进行融资。一般而言，此时科技型企业青睐的融资方式有三种：一是上市融资。进入成熟期的企业一般都愿意通过资本市场获得长期稳定的资金，它们通常都会把上市作为企业的发展目标。一旦上市成功，企业就不再是纯粹的经营性运作，而是进入到经营性运作和资本性运作相结合的高级阶段，就会获得更为广阔的融资空间。可以说，公司上市是企业发展的最高境界，资本市场能为企业的长期发展提供无限的可能。由于主板市场的上市条件较为严格，刚开始进入成熟期的科技型企业如果达不到主板上市条件，则可以通过新三板市场和创业板市场进行跳板，逐步实现主板市场上市。二是企业并购或收购。没有成功上市的科技型企业可以通过并购或收购方式实现间接上市融资，即它们可以在资本市场上寻找经营业绩较差的上市公司，对其进行兼并重组。当然，这样虽然增加了本企业的融资渠道，降低了融资成本，但也会使企业面临整合风险。三是银行贷款。进入成熟阶段的企业由于风险较小，会受到越来越多的商业银行关注。大多数的银行倾向于和企业建立长期的合作关系，愿意向企业提供更多的资金支持。由于成熟期科技型企业的融资渠道最为丰富，所以这一时期科技金融风险的分担也随之呈现了多元化的特点。

## 五、衰退期的科技金融风险分担

衰退期是指科技型企业生产工艺技术已经过时、产品供大于求、企业盈利能力不断下降的阶段。创新是科技型企业持续发展的源泉。对于科技型企业来说，如果不能进行持续的科技创新，在经历一段成熟期后往往就会进入衰退期。此时，企业的技术装备日趋落后，产品同质化严重，市场占有率降低，生产萎缩，现金流和效益急剧下降，财务状况恶化，资金周转困难，负债不断增加。处于衰退期的科技型企业，要么执行退出战略，要么调整发展战略，进行管理创新和技术创新，加大研发投入，开发新产品，力求二次创业。这一阶段，科技型企业的不确定性和风险非常大，既有管理风险、市场风险、财务风险等诸多风险，也存在种子期的技术风险。在银行未得到企业上述全面信息之前，银行还会发放贷款。一旦问题暴露，银行不但会停发新贷款，而且还会催收旧贷款。为了重生或蜕变，企业除了尽力争取银行贷款外，还会进行商品贸易融资、票据融资、典当融资，或通过企业内部职工进行借款，或通过产权交易市场、股权的场外交易获得股权融资以及并购和重组。因此，这一阶段，科技金融风险的分担较为复杂，依企业能够获得的融资方式而变化。当然，有前瞻性的科技型企业在这一阶段可以借助科技保险分担风险，保险机构也就不可避免地参与了科技金融风险的分担。

## 第三节　科技金融风险评价指标体系构建

### 一、科技金融风险评价指标体系构建原则

指标体系是构建模型的基础和支柱，选取不同指标所测算出的模型结果会存在偏差，甚至是很大差异，模型选取的合理性和科学性直接决定了构建模型的实用性，因此，指标体系建立原则是重中之重。根据对科技金融风险影响因素分析可知，科技金融风险评价模型是一个复杂的系统，必须从多个角度来设计评价指标，综合地、全面地分析风险程度。建立一个可行的合理的科技金融风险评价模型必须遵循以下几方面的构建原则。

**1. 全面性原则**

若想准确评估科技金融风险程度问题，就必须涉及影响科技金融各个方面的要素，因此，要选取不同方面的不同要素作为指标，即指标体系要具有

全面性。指标体系的建立要涉及科技型企业从宏观因素到微观因素、从内到外、从财务到非财务的各个方面，能够综合地、全面地反映出科技金融风险的各种因素，但全面性不意味着指标越多越好，指标选取要少而精，要最能说明问题和最具代表性。一是大量指标会增加计算量，二是重复指标没有存在意义。因此，要求要在能够全面说明问题的基础上，指标越精简越好。

**2. 系统性原则**

一个好的模型应该是具有可扩展性的或者开放式的模型，可以根据形势的变动进行修改，增强模型的适应性。科技金融风险评价模型就是一个开放性的模型，需要将外部宏观因素和内部自身因素结合起来综合考虑，既要考虑到评价指标的全面性，也要考虑到评价指标的系统性，即指标体系之间具有内在关联性和合理的逻辑关系，从系统性的角度对科技金融风险程度进行综合分析，建立系统的科技金融风险评价模型。

**3. 科学性原则**

科学性原则是指通过对被评价事物的客观性描述，从而准确地反映被评价事物的本质。科技金融风险评价模型的评价结果是否准确，很大程度上取决于指标体系的建立是否科学合理，指标体系的建立应准确、科学、合理地反映指标之间、指标层与目标层之间的关系，不仅包含结构中的关系，还包含数据的准确性。科学性原则强调的是数据准确性和程序合理性，指标层定义明确，不能模棱两可，在评价科技金融风险程度时，要尽量避免个人主观因素的影响。因此，必须在严谨的分析基础上构建指标体系，得出最为科学的科技金融风险评价模型。

**4. 可操作性原则**

指标评价体系应该具有可操作性，即指标体系能够准确地、清晰地加以表达。可量化指标应该具有唯一性和可采集性，可以根据公布的标准数据加以计算，得出唯一结果；定性指标也要能够清晰界定概念，具有可操作性。各项指标均能够有效地测量和统计，使得最终得出的科技金融风险评价结果在横向上和纵向上均有可比性。为保证科技金融风险评价结果的准确性，评价指标体系要尽量细分到基本单元，便于数据量化，可操作性强。

**5. 定性指标与定量指标相结合原则**

科技金融风险评价模型是一项复杂的系统工程，涉及各个方面，不仅包括科技型企业财务因素，还需要根据科技型企业自身特点，考虑到各种非财务因素，将定性指标与定量指标、财务指标与非财务指标相结合，才能更为准确地得出科技金融风险评价模型。本文在借鉴传统的可量化的风险评价模型的基础上，对其进行一定程度地改进，将非财务因素考虑进去，从而对科技金融风险程度作出科学的综合评价。

## 二、如何构建科技金融风险评价指标体系

### 1. 确定评价指标体系的层次结构

为得到准确的科技金融风险程度评价结果，必须对科技金融风险评价模型这个复杂的系统工程进行逐级解剖和细分，形成有序的层次结构，即将总体目标拆分为中层目标，最后再拆分为末层目标，即目标层拆分为准则层，准则层拆分为指标层。通过对指标层的计算，逆向推出目标层数据，得到想要的结果，这是个逆向思维的分析过程。因此，可依据这种层次指标结构分析，构建科技金融风险指标体系。

（1）目标层

目标层的指标即为科技金融风险。

（2）准则层

准则层的指标是对目标层的细分，即为评价科技金融风险的构成要素。

（3）指标层

指标层是整个指标体系的基础，是对准则层的细分，即对导致科技金融风险要素的情况进行分析。

### 2. 评价指标体系的设计

科技金融的高风险是造成科技型企业，尤其是科技型中小企业融资难的最主要原因，而科技型中小企业的最佳融资渠道依然是向银行等金融机构融资。科技型中小企业普遍受到资本实力弱、经营利润波动较大、受外界影响较大等制约因素影响，其融资风险评价与大企业存在明显差别，使得银行对大企业的风险评价体系模型并不能完全适用于科技型中小企业，因此在对科技型中小企业向银行提出融资需求时，银行所作的风险测算存在较大偏差，测算结果不能满足信审部门要求，信贷报告不被予以批复，最终使得科技型中小企业融资需求得不到满足。因此，建立适合科技型中小企业的科技金融

风险评价模型不仅有利于银行等金融机构监控融资风险，而且有利于科技型中小企业资金需求得到满足，从而促进其生存发展。

与一般大企业相比，科技型中小企业自身特点决定其非财务因素在评价模型中具有重要影响，因此，本文结合科技型中小企业自身特点，对一般通用风险评价模型进行改进，从而得出适合科技型中小企业的科技金融风险评价模型。根据科技金融风险影响因素，进行指标选取，尽可能满足上述指标体系构建原则。本文选取的指标分为财务指标和非财务指标两大类。财务指标主要选取传统风险评价模型的六大类指标；非财务指标主要通过问卷调查的方式，结合科技型企业自身特点，综合加以确定。无论是财务指标的选取还是非财务指标的确定，均需要考虑到科技型企业自身特点，用长远眼光看待科技型企业，尽量选取反映整体情况的指标，主要考虑资本实力增长，而不是短期利润增加。

（1）财务指标选取

财务风险是衡量科技金融风险的一个基础指标，便于量化。在财务指标选取上，一般风险评价模型从资本结构、获利能力、偿债能力和经营能力四个方面进行分析。鉴于科技型中小企业相较大企业来说更易出现资金链断裂和发展能力低的问题，因此，除资本结构、获利能力、偿债能力和经营能力四个方面外，还必须从财务数据上分析其成长能力和现金流状况，这六项指标较全面地反映出科技型企业可能产生科技金融风险的财务影响因素，如图5－1所示。

①偿债能力指标用来分析企业偿还债务的能力。企业偿债资金不足，不能及时清偿本金和利息的现象称为偿债风险。此时，企业信用受损，科技金融风险增大。一般用作衡量偿债能力的指标有：流动比率、速动比率和借款依存度等。

②经营能力指标是衡量运用资源效率的指标，反映企业资产管理能力。企业资产管理能力不仅关系到企业是否能够达成预期战略目标，而且影响企业未来发展，如果经营能力不佳，可能预示着企业日后资金链周转断裂，科技金融风险增加。此类指标主要包括：总资产周转率、存货周转率和应收账款周转率等。

③获利能力是企业生存发展的根本，是生产经营活动产生现金的能力，

是企业最重要、最可靠的指标之一。如企业获利能力稳定，将有足够盈余来面对各种可能风险，因此更容易从银行等金融机构获得融资。此类指标主要有资产报酬率和营业毛利率等。

④资本结构反映了公司运用财务杠杆的情况，它是指公司的股东权益与负债的比率关系，一般而言，企业中的负债所占比例越大，则偿还本息的负担越重，由此导致企业债务到期无法偿还的财务风险就越大，造成进一步外部融资难度加大。资本结构分析的核心指标是资产负债率和权益乘数的比率指标。

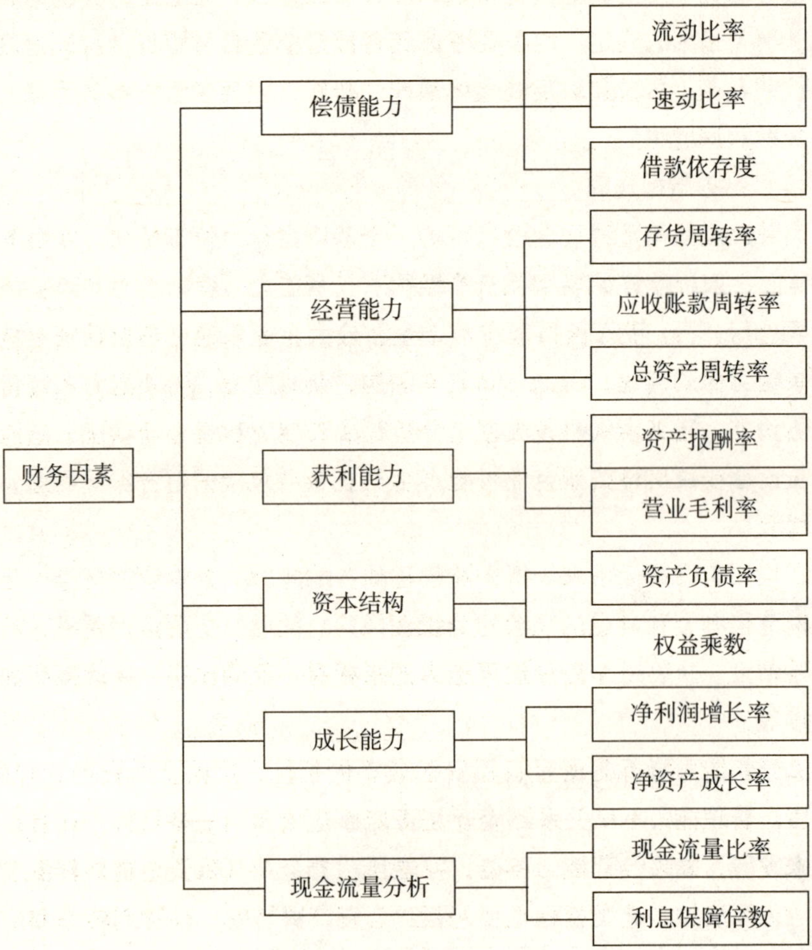


**图 5-1　财务指标选取**

⑤成长能力指标反映了一个企业是否具有良好的成长性，其业绩是否在不断增长。对于科技型企业尤其是中小企业而言，成长能力指标是最重要的指标，由于其具有前期高投入、中期高风险、后期高回报的特点，在对科技金融风险评价上，要着重考虑成长能力，看重其未来发展能力，以免扼杀优质资源。主要有净利润增长率和净资产成长率等指标。

⑥现金使用分析。企业破产无非两种原因：一是资不抵债，二是到期没有足够现金流偿还债务。对现金流量进行分析，可在一定程度上避免第二种情况发生，科技型中小企业尤为如此，前期现金流出量较大，很容易出现资金链断裂情况。主要指标为现金流量比率和利息保障倍数，这一比率是评估企业短期偿债能力的最细致的财务比率。该指标能够动态地反映企业偿债能力。

（2）非财务指标选取

通过财务指标计算科技金融风险评价模型，这方面的理论研究已经比较全面透彻。但在非财务因素对科技金融风险的影响方面，研究尚有欠缺，因此本文采用问卷调查方式，对科技型企业进行调研，根据调研结果来决定相对重要的非财务因素有哪些，从而将其量化并加入到科技金融风险评价模型中，使得最终评价模型更加科学合理。通过对调研结果进行分析，得出创新能力、管理能力、经济因素、员工能力和上下游企业状况这五项因素可以作为科技金融风险评价模型的非财务因素指标，如图5－2所示。

①创新能力风险。科技型企业生存以创新为本，通过市场调研了解市场走向，再及时进行科技创新满足市场需求，特别是在这个科技创新日新月异的时代，没有创新能力的科技型企业面临的只有失败。创新能力主要是指有效创新能力，不包括失败实验等。创新能力风险可以进一步分为技术成本风险和转化率风险。技术成本风险是指企业科技创新获得成功的可能性。成功的科技创新的费用绝大部分计入无形资产中的研发费用，无形资产占总资产比重可以基本反映出企业创新能力，因此，技术成本风险量化可以选用无形资产占总资产比重。转化率风险是指成功的科学技术创新转化为实际产品进行生产销售的可能性。成功的科学技术创新不一定能够成功转化为市场需求产品，或者生产的产品销量少，不足以弥补前期研发投入的成本。

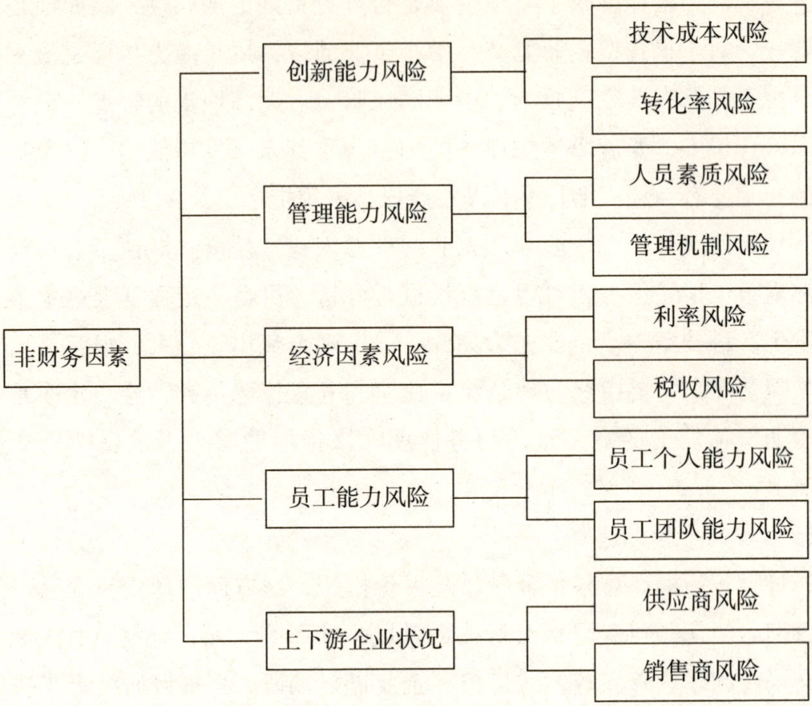


**图 5 –2　非财务指标选取**

②管理能力风险。科技型中小企业在管理方面普遍具有缺陷，创始者多为高科技人才，在管理方面知识不足、经验不足，管理效率低，不能做到人尽其才、物尽其用，在市场经济巨变的条件下，不能采取及时应对措施，由于管理而失败的企业不计其数。管理能力风险分为人员素质风险和管理机制风险，即在管理方面人的风险和物的风险。

③经济因素风险。科技型企业作为我国市场经济体制下的重要组成部分，必然会受到经济环境的影响，其中最主要的两大影响因素是利率风险和税收风险。我国科技型企业，尤其是中小企业的主要融资渠道仍然是向银行等金融机构融资，主要融资成本就是利率，利率变化对企业财务费用有较大影响。而在税收方面，国家对科技型企业采取明确的扶持态度，在相关政策条例上大开绿灯，给予各种优惠政策，提供良好的宏观环境，帮助科技型企业更快速更稳定成长。

④员工能力风险。它分为个体和群体两种，即员工个人能力风险和员工

团队能力风险两方面。员工个人能力风险是指员工个人学习能力大小，主要反映企业后续创新能力。好的员工学习能力给企业注入新鲜血液，保证企业未来创新能力充足，继而保障企业长远发展能力。员工团队能力风险是指团队内部、团队与团队之间相互配合、相互协作又相互竞争的风险，对于科技型企业来说，研发工作都是以团队为基本单位的，在一个团队内部，不仅有领导者，也需要各种配合、服从的人，只有和谐的团队才能发挥出“1+1>2”的效应。

⑤上下游企业状况。主要考察企业供应商和销售商，稳定的上下游企业保证其原材料来源及销售渠道，特别是稳定销售渠道为企业长远发展、稳定赢利提供保障。在科技金融风险评价模型中，上下游企业状况占据重要位置，该项指标在非财务因素中说明企业成长能力及面对市场急剧变化的应对能力，因此是考察企业生存发展的重要指标。

综上，经过指标选取，确定了一级指标 11 个，即为 11 个方面的风险因素，包含二级指标 24 个。选取的一级指标分别为偿债能力风险、经营能力风险、获利能力风险、资本结构风险、成长能力风险、现金使用分析风险、创新能力风险、管理能力风险、经济因素风险、员工能力风险、上下游企业状况，如表 5－1 所示。

**表 5－1　　科技金融风险评价指标体系**

| 目标层 | 准则层 | | 指标层 |
|---|---|---|---|
| 科技金融风险 | 财务因素 | 偿债能力风险 | 流动比率 |
| | | | 速动比率 |
| | | | 借款依存度 |
| | | 经营能力风险 | 存货周转率 |
| | | | 总资产周转率 |
| | | | 应收账款周转率 |
| | | 获利能力风险 | 资产报酬率 |
| | | | 营业毛利率 |
| | | 资本结构风险 | 资产负债率 |
| | | | 权益乘数 |

续 表

| 目标层 | 准则层 | | 指标层 |
| --- | --- | --- | --- |
| 科技金融风险 | 财务因素 | 成长能力风险 | 净利润增长率 |
| | | | 净资产成长率 |
| | | 现金使用分析风险 | 现金流量比率 |
| | | | 利息保障倍数 |
| | 非财务因素 | 创新能力风险 | 技术成本风险 |
| | | | 转化率风险 |
| | | 管理能力风险 | 人员素质风险 |
| | | | 管理机制风险 |
| | | 经济因素风险 | 利率风险 |
| | | | 税收风险 |
| | | 员工能力风险 | 员工个人能力风险 |
| | | | 员工团队能力风险 |
| | | 上下游企业状况 | 供应商风险 |
| | | | 销售商风险 |

# 第四节　吉林省科技金融风险控制情况分析

## 一、吉林省科技金融风险控制现状

近年来，为进一步发挥金融对科技创新的推动作用，促进科技与金融紧密结合，吉林省不断进行尝试和探索，在政府引导下走市场化运作之路，逐渐形成了自己独特的科技金融特色。随着科技金融的发展，吉林省在科技金融风险控制方面也作了一些有益的尝试和探索，形成了多元化的科技金融风险分担主体。这些科技金融风险分担主体在科技金融风险控制方面发挥了一定的作用，取得了一定的成效。

**1. 地方政府**

在科技金融风险控制和分担方面，吉林省政府充当着总设计师的角色，通过政策支持进行引导和协调，不断提高各相关主体控制和分担科技金融风险的积极性。

2009 年 12 月，吉林省财政厅和科技厅出资组建了吉林省科技投资基金有限公司（以下简称“科技基金公司”），隶属于吉林省投资集团有限公司。公司自成立以来，按照“政府主导、市场运作”的原则，紧紧围绕重大科技成果转化项目资金投入工作，积极探索、开拓进取、规范运营、稳健发展，创新了“有偿投入、阶段支持、适时推出、循环使用”的政府专项资金利用新模式，连续六年形成省重大科技成果转化项目股权、债券投入 62 项，投入资金 4. 15 亿元，回收资金 8350 万元，搭建了吉林省科技成果转化的投资、融资和资本运作平台。同时，科技基金公司受吉林省财政厅等部门委托，承担“吉林省升级科技风险投资基金”“吉林省高校产学研引导基金”等多支升级创新基金的管理。目前管理基金规模约 10 亿元，已投资企业 50 余家，其中参股企业近 20 家、债权投资企业 30 余家，累计投入资金近 5 亿元。投资范围为升级装备制造、电子信息、生物科技、新能源、新材料、节能环保、汽车衍生经济等多个领域。科技基金公司 2014 年入围科技部首批符合创业投资引导基金项目申报条件的创业投资机构名单，并与多家省内科研机构、省内高校、孵化基地、创业园区、重点实验室等结成战略联盟，专注于解决初创期科技型企业融资难问题，促进科技成果转化，扶持科技企业快速发展。

为进一步加强金融服务促进科技创新，满足科技创新重点领域和不同发展阶段的金融服务需求，创新科技金融风险分担和补偿机制，带动吉林省产业结构优化升级，2016 年 4 月，吉林省政府出台了《关于强化金融服务支持科技创新的实施意见》（以下简称《实施意见》）。《实施意见》中提出的主要任务及推进措施共有七个方面：一是加大科技创新支持力度，包括拓展信贷资金来源、完善信贷管理机制、加强对创新重点工业园信贷支持等；二是发挥多层次资本市场的支持作用，包括上市融资、债券融资、区域股权交易等；三是加大对科技创新的信用增进力度，包括融资担保体系、担保组合模式创新等；四是增强保险服务科技创新的功能，包括保险资金运用、发挥保险保障功能等；五是强化互联网金融与科技创新融合发展，包括发展互联网金融、优化互联网发展环境等；六是推动科技创新重点领域金融服务，包括加大科技创新重点领域、新兴行业金融服务等；七是满足科技创新发展不同阶段的金融服务，包括对科技创业创新、中试环节和科技成果转化的服务等。

### 2. 长春科技金融创新服务中心

为了推动科技与金融的进一步融合和发展，更加有效地控制和分担科技金融风险，长春市科学技术局、长春高新技术产业开发区管委会与吉林省捷诚投资有限公司三方合作共建了科技金融创新服务平台——长春科技金融创新服务中心。该中心为科技企业、各类投融资机构、中介服务机构、科教机构、政府提供综合服务，推进各类科技资源、金融资源交流合作（见图5－3）。通过

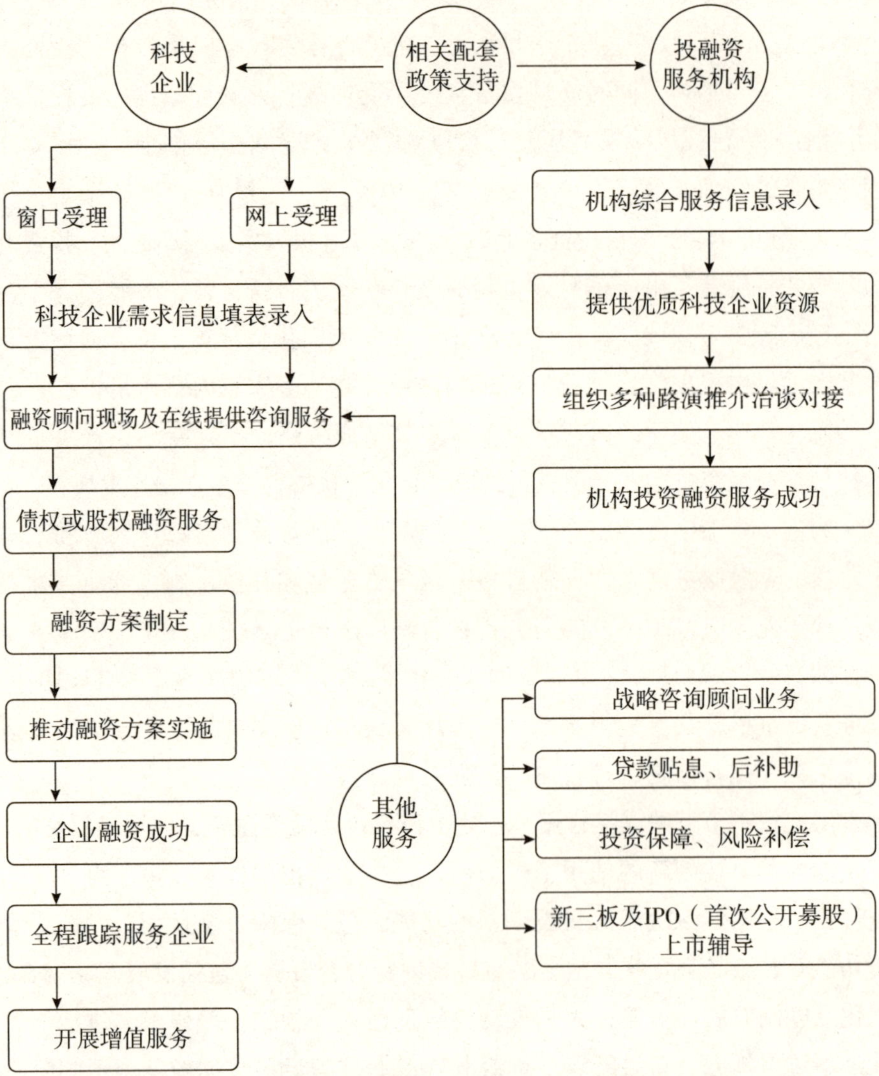


图5－3　长春科技金融创新服务中心服务流程

构建多层次、多渠道、多元化科技投融资体系，引导技术、资本、人才等要素向科技企业集聚，控制和分担科技金融风险，促进科技成果转化及产业化。长春科技金融创新服务中心的成立，开创了全省“六个第一”：第一家科技金融创新综合服务平台、第一家专业化科技支行（长春农商银行科技支行）、第一家科技小额贷款公司（吉林省科技小贷公司）、第一家科技信用担保公司（吉林省众信科技信用担保有限公司）、第一家与银联合作的“互联网+”科技金融服务平台、第一家科技金融服务平台（科技金融红娘）。

在长春市政府和市科技局的政策引导和支持下，科技金融创新服务中心内的各家机构不断加强与政府机构、创业投资机构、科技型企业的协作，为科技企业融资和科技金融发展及风险控制搭建了一个多方合作的平台。科技支行的业务主要是满足科技型企业融资的需要。为使科技支行能够更好地发挥对科技企业的资金支持和风险控制作用，长春农商银行科技支行制订了单独信贷政策。如针对科技型企业轻资产和高风险的特征，在客户准入方面，对科技型企业实行不同于普通企业的特殊的信贷评级方法；在信贷审批机制方面，采取风险管理前移政策；在风险容忍政策方面，采取了风险容忍度高于普通企业的措施；在风险拨备政策方面，采取了专项拨备措施，增加了科技支行风险覆盖的范围。“科技金融红娘”队伍则采取线上与线下两种方式，提供商业贷款、小贷、担保、股权投资等“一站式”“窗口化”服务，有效缓解了科技型中小型企业融资难问题。

2015 年，长春科技金融创新服务中心入驻科技银行、科技信用担保、科技风险投资、科技小额贷款等各类机构 25 家，为全市科技型企业提供备案宣传服务近 500 家，累计为科技企业提供投融资 22 亿元。与银联商务、科技信用担保机构合作，搭建了线上“互联网+科技金融”投融资平台，为近 10 户科技企业通过平台实现了线上融资，累计线上投资者近 200 人。为了强化创新服务，方便科技企业和相关单位办理业务，在一楼服务大厅增设贷款贴息、新三板后补助、项目验收、专利减缓、科技企业备案服务窗口。为推动科技金融结合、促进科技成果转化，对近 50 户承担科技成果转化项目的科技企业进行了贷款贴息；对 10 户科技企业新三板上市进行了后补助。2016 年 1—5 月，“互联网+网络众筹”为 13 户企业解决贷款 4100 万元；众信担保公司为 7 项专利实施知识产权贷款质押担保共计 1600 万元；长春农商银行科技支行为32户科技企业发放贷款共计3.13亿元；吉林省科技小贷公司累计向科技企业发放贷款34笔，共计4730万元。

**3. 投资引导基金**

为充分发挥政府资源和开发性金融的引导和放大作用，推动创业投资健康发展，促进科技进步和科技成果转化，2007年12月，吉林省人民政府和国家开发银行发起设立了公司制的吉林省创业投资引导基金（以下简称"吉创基金"），总规模10亿元，注册资本金2.5亿元，由吉林省创业投资引导基金管理有限公司负责运营。吉创基金按照"依托吉林省优势产业和新兴战略性产业，有计划、分步骤地设立差异化、专业化的产业投资基金"的思路，2009年跻身国家战略性新兴产业创投计划的7省市试点，与国家发改委、财政部、中国银河投资管理有限公司、长春高新创业投资集团有限公司、长春高新技术产业（集团）股份有限公司联合设立了东北地区首个由国家主导、层次最高、规模最大的吉林省国家生物产业基金和吉林省国家汽车电子产业基金。之后，吉创基金又先后参股成立了新能源和现代服务业两只国家参股创业投资基金；于2014年发起设立了吉林省新兴产业小额贷款有限公司。成立以来，吉创基金充分发挥了政府资金的杠杆作用及在创业投资领域的引导作用，着力构建全面、系统的创业投资体系，以参股方式与地方或行业龙头企业相关基金合作，主要投向新兴产业种子期、初创期创新型企业，有效促进了吉林省科技型企业发展。如吉创基金参股设立的吉林省生物产业创业基金的投资项目长春新华通制药设备有限公司于2015年4月22日通过并购上市（代码300358），吉林加一土产有限公司于2016年1月18日在新三板正式挂牌（代码835601）。

2015年8月，由吉林省财政全部出资，注册成立了吉林省股权基金投资有限公司，负责管理运营吉林省产业投资引导基金。自成立以来，引导基金通过政策引导，吸引了来自天使基金、风险投资基金等投资基金人员的关注，形成了向吉林省科技型初创企业融资的平台。吉林省股权投资基金有限公司项目对接平台，以吉林省产业投资引导基金母基金为依托，参股设立的多家子基金为支撑，构建与各行业主管部门、地方政府、开发区、科研院所、行业商协会等机构和团体的多元联络网络，打造吉林省股权投融资生态系统，会聚资本、人才、技术，为企业提供项目展示、对接和融资平台，促进企业转型升级，快速发展。目前，进驻平台的第一批基金有8家（见表5－2）。

**表5－2　　吉林省股权投资基金有限公司首批进驻基金情况表**　　单位：亿元

| 序号 | 子基金名称 | 基金管理人 | 规模 | 投资领域 |
| --- | --- | --- | --- | --- |
| 1 | 吉林市华睿信产业投资基金合伙企业（有限合伙） | 深圳市华睿信资产管理股份有限公司 | 10 | 先进装备制造 |
| 2 | 吉林中投科技成果转化创业投资合伙企业（有限合伙） | 中投长春创业投资基金管理有限公司 | 2 | 科技成果转化 |
| 3 | 吉林东证鼎锐投资合伙企业（有限合伙） | 东证融成资本管理有限公司 | 4 | 生物医药 |
| 4 | 英飞尼迪吉林中以产业投资基金（有限合伙） | 吉林省英飞尼迪投资管理有限公司 | 3 | 节能环保、新能源、新材料 |
| 5 | 国泰君安创投吉林产业投资基金（有限合伙） | 主GP：上海格隆创业投资有限公司<br>副GP：北京瑞恒海盛投资基金管理有限公司 | 3 | 现代农业、服务业、新材料、生物医药 |
| 6 | 吉林省现代农业和新兴产业投资基金有限公司 | 海通吉禾股权投资基金管理有限责任公司 | 4 | 现代农业 |
| 7 | 海通（吉林）现代农业和新兴产业投资基金（有限合伙） | 海通吉禾股权投资基金管理有限责任公司 | 10 | 现代农业 |
| 8 | 海通（吉林）股权投资基金合伙企业（有限合伙） | 海通吉禾股权投资基金管理有限责任公司 | 4 | 现代服务业 |

由于投资引导基金是政府发起的，因此具有一定的政策性和导向性，能够有效吸引社会各类投资资金参与到基金中，迅速扩大基金规模。通过投资引导基金对科技型企业的科技项目，尤其是初创期的项目进行股权式投资，不仅可以使社会资金在政府分担投资风险、风险有效降低的情况下获得高额收益，还能更好地促进科技型企业发展。投资引导基金既可以根据科技型企业生命周期的不同阶段进行参股，也可以采取跟进投资方式分阶段进行投资。

不论采用哪种方式，都能为吉林省科技型企业，尤其是处于种子期和初创期的企业提供大量资金，满足企业融资需求，为科技型企业持续发展提供保障，而且还能有效控制和分担科技金融风险，降低科技金融及科技企业发展与创新的前期过程中面临的较大风险。

4. 科技保险

科技保险是科技与金融相结合的创新业务，是指运用保险作为分散风险的手段，对科技企业或研发机构在研发、生产、销售、售后以及其他经营管理活动中，因各类现实面临的风险而导致科技企业或研发机构的财产损失、利润损失或科研经费损失等，以及其对股东、雇员或第三者的财产或人身造成现实伤害而应承担的各种民事赔偿责任，由保险公司给予保险赔偿或给付保险金的保险保障方式。高新技术的研发往往有投入大且收益不确定的特点，而保险公司的介入在一定程度上能打消投资者的顾虑，对畅通融资渠道起到一定作用。

2013 年，吉林保监局与省科技厅等五部门联合印发了《关于金融促进科技创新的指导意见》，提出大力推动科技保险创新发展。该《意见》提出，研究在重大专项、国家科技计划经费中列支科技保险费和财政资金对自主创新首台（套）产品实施保费补贴的相关政策；积极探索创新科研经费使用方式，制定支持科技保险发展的制度措施，推行科技保险保费补贴制度；企业科技保险保费计入高新技术企业研究与开发费用核算范围，享受国家规定的税收优惠政策。吉林省科技保险政策的实施，不仅能激发中小高新技术企业参与保险的热情，也凸显了政府为高新技术产业平稳健康发展的服务意识。

由于知识产权具有公开性、无形性、可复制性等特征，在其价值实现过程中权利容易受到侵害。2014 年年初，为降低企业知识产权经营风险，进一步促进知识产权与金融结合，降低企业维权成本，提升企业知识产权保护和运用能力，吉林省出台了《2014 年吉林省专利事业发展战略推进计划》，将专利保险工作作为重要战略任务予以推进。延边朝鲜族自治州（简称延边州）是吉林省知识产权局确定的全省首个专利保险试点地区，在重点产业、重点企业开展专利保险试点，探索符合当地实际的专利保险险种，开展专利保险服务体系、专利保险风险控制体系建设，为全省全面开展专利保险工作摸索经验。2015 年，延边州又被国家知识产权局确定为全国专利保险试点地区。

自试点以来，延边州知识产权局立足企业需求，积极帮助企业和保险机构搭建对接平台，加强保企协调，以支撑产业发展、提高企业核心竞争力为目标，以促进专利运用为出发点，探索开展专利保险工作的方法、路径、模式和流程，加强知识产权与金融资源融合发展，开发高效规范、操作性强、受市场欢迎的专利保险产品，切实做好专利维权保障的各项服务，做了大量卓有成效的工作。截至目前，知识产权局为吉林敖东延边药业、吉林华康药业等26户企业的159个专利进行了投保，提供专利保费14.5万元，不仅为科技型企业创新驱动发展提供了强有力的保障和支持，充分发挥了专利保险对科技创新发展的促进作用，为产业结构调整和经济转型发展保驾护航，而且保险公司也有效分担了科技金融风险。

2016年，在《实施意见》中，吉林省再次提出不仅要鼓励运用保险资金为科技创新提供支持，还要充分发挥保险保障服务功能。一是要加快培育和完善科技保险市场，鼓励保险机构开发首台（套）重大技术装备、关键研发设备的财产保险、产品责任保险、产品质量保证保险、专利保险等产品；二是要依托延边州作为全省首个专利保险试点地区的优势，将保险纳入知识产权保护机制；三是要发挥出口信用保险作用，支持科技型企业走出去。

## 二、吉林省科技金融风险控制存在的问题

吉林省作为东北老工业基地之一，近年来一直着力产业结构调整。各级政府及社会各界都把科技型企业作为经济增长的新动力，不断进行科技金融创新，促进科技型企业发展，取得了一定的成绩。尽管如此，与发达省份相比，吉林省科技金融发展与风险控制仍然存在一定的差距，存在诸多问题，亟待完善。

### 1. 科技金融风险控制机制缺乏系统性，风险分担存在不平衡

科技金融体系相对复杂，参与主体众多。政府、风险投资机构、科技银行、科技担保公司、科技保险机构以及科技企业等不仅对科技金融风险持有不同态度，而且在追求利润回报上也有分歧。作为科技金融风险控制和分担的总设计师，政府如果在政策制订上缺乏系统性，忽视风险分担的平衡性，政策措施只涉及很少的几个参与主体，那么必然会降低风险控制和分担的实际效果，有违政策制订的初衷。虽然吉林省政府结合科技型企业生命周期不

同阶段的特点，制订了一些科技型企业风险控制和分担的措施，但总体来说，处于种子期和初创期的科技型企业的融资难题并没有得到解决，风险投资机构还是青睐于处于成长期和成熟期的科技型企业，支持处于种子期和初创期的科技型企业的力度极其有限。可以说，吉林省政府的科技金融风险控制和分担机制还不健全，其引导和协调作用还有待于进一步提升。对于复杂的科技金融体系，政府区分各参与主体的利益关系，制订系统性的科技金融风险控制和分担政策至关重要。为此，吉林省政府需要进一步完善科技金融风险控制和分担体系，使其具有一定的系统性，充分发挥科技金融对科技企业发展的促进作用，尽可能地使科技企业的全生命周期都能获得充足的资金支持。

**2. 科技金融风险控制运作模式不成熟，有待创新**

目前，吉林省还没有具备独立法人资格的科技银行，专业的科技银行主体范围较窄，以长春农商银行科技支行为主，其成立时间很短，发挥作用极为有限。其他商业银行对于科技金融业务涉足不深，运作程度有待进一步加强。相对于其他普通商业银行，专业的科技银行面临较高的科技金融风险。虽然我国科技银行的主流形式——科技支行在设立时一定程度上借鉴了美国硅谷银行模式，但中美两国科技银行在相似之中也存在诸如细分客户范围、筛选客户方式、盈利模式、控制风险理念与方式等方面的差异。硅谷银行在控制风险上更注重依靠专业风投机构进行前期规避，防患于未然，而我国科技支行则偏重建立后期风险补偿机制。后期补偿除了说明我国科技银行缺乏对科技企业风险的前期控制能力外，而且其做法不利于激发银行贷款积极性。为此，在科技银行风险控制方面，吉林省应在借鉴硅谷银行模式的基础上，结合本省实际进一步进行创新，加强银行与各类投资机构的合作，探索具有地方特色的科技金融风险控制模式。另外，在科技金融风险担保方面，吉林省的创新力度极为有限，也需要作出更多的努力和尝试。吉林省目前还没有建立类似杭州“联合天使担保”的科技金融风险池基金，即专门用于缓解科技型中小企业，尤其是处于生命周期前两个阶段的企业的融资难问题的专项基金。总之，吉林省科技金融风险控制模式还处于初级阶段，相当不完善，还需要继续探索和实践创新。

**3. 风险投资发展滞后，政策支持力度不足**

如前所述，风险投资对于科技型企业的发展至关重要，在推动技术进步、鼓励技术创新方面优势明显，是科技金融风险控制和分担不可或缺的参与主体。对吉林省而言，利用风险投资发展科技型企业，是提高自主创新能力和综合竞争力的必然选择。受吉林省发展水平和政策支持力度有限的制约，吉林省风险投资发展相当滞后。不仅风投企业数量少，而且融资渠道狭窄，资金规模小。在为数不多的风险投资企业中，还存在与高新技术对接不畅问题。虽然风险投资也是吉林省科技金融风险控制体系中的一个组成部分，但与其他参与主体相比，风险投资所发挥的科技金融风险分担作用非常有限，其优势还没有完全显现。吉林省风险投资发展缓慢的原因较多，主要有：一是资金来源渠道单一，政策扶持力度不够，现有的与风险投资有关的政策和意见，都是晚于国家相关政策才出台，缺乏灵活性和针对性；二是风险投资所需的服务体系、法律法规、配套措施等外部发展环境不完善；三是风险投资的运作机制不健全，经营机制、管理机制和约束机制亟待完善；四是多层次资本市场发展缓慢，风险投资的退出渠道较少。

**4. 科技保险发展缓慢，专业科技保险公司依然空白**

虽然近几年吉林省的科技保险业务取得了一定成绩，尤其是延边州成为专利保险试点地区，但总体来说，吉林省的科技保险业务还处于探索阶段，科技保险险种结构还不能满足科技型企业的全面需求，发展较为缓慢。制约吉林省科技保险发展的因素主要还是科技保险的服务对象是科技型企业，其风险较一般企业高出很多，尤其是创新风险。为此，保险公司研发和创新科技保险产品就需要较多的资金投入，但保费却不易度量和确定，而且一旦推出新产品，又很容易被复制模仿，从而导致保险公司对于科技保险产品的研发动力不足，将精力投向研究开发其他风险小收益稳定的保险产品。产生这一问题的核心原因是吉林省目前还没有一家专业从事科技保险的保险公司。虽然 2016 年 6 月太平科技保险股份有限公司获批成立，业务范围定位为立足浙江、辐射长三角、面向全国，但由于其注册地为浙江省嘉兴市，且其 9 家发起人中 8 家为浙江的公司，鉴于吉林省的发展水平和身处东北的地域限制，该公司对于吉林省科技型企业的保险服务将会很微弱。

**5. 资本市场发展落后，控制和分担科技金融风险作用发挥有限**

与发达国家相比，我国目前的多层次资本市场尚不发达，风险投资退出渠道较为狭窄，退出方式单一，而吉林省资本市场发展在全国来说则更为落后，平均每年仅有1～2户企业通过资本市场上市融资。截至2016年10月底，吉林省上市公司数量只有40家，其中沪市17家、深市23家；拟上市公司8家，其中长春普华制药股份有限公司和吉林大通信设计院股份有限公司2家在审；新三板挂牌公司67家，在审申请挂牌企业8家。尽管2014年吉林省出台了《关于进一步促进资本市场健康发展的实施意见》（吉政发〔2014〕36号），加快资本市场发展，但由于支持力度有限，加上企业存在小富即安的思想，科技型企业利用资本市场融资、促进企业发展仍然不尽如人意，从而导致资本市场在分担科技金融风险方面作用甚微。因此，吉林省还需进一步统筹完善政府支持体系建设，采取各种措施鼓励和支持科技型企业上市融资，充分发挥资本市场在科技金融发展与风险控制中的优势和作用。

## 第五节　完善吉林省科技金融风险控制机制的对策建议

科技金融的服务对象是具有高风险的科技型企业。科技型企业发展的瓶颈问题是科技创新和融资难。若想破解科技型企业融资难问题，就必须大力发展科技金融，而发展科技金融的关键则是控制和分担科技金融风险。为此，吉林省必须借鉴发达国家和省份的先进经验，多方采取措施，完善科技金融风险控制机制，有效控制和分散科技金融风险，保证吉林省科技金融和科技型企业可持续发展。

### 一、充分发挥政府职能，积极支持和引导科技金融风险分担

在科技金融体系中，政府不仅是科技金融的供给方和需求方，还是科技金融的中介机构，是一个特殊的参与主体。与此同时，在科技金融市场失灵时，政府还充当科技金融市场运行的调控者角色。可以说，在整个科技金融体系中，政府处于核心位置，是众多科技金融风险控制和分担参与者中的领路人。因此，在科技金融风险控制和分担中，吉林省政府必须从整体上进行政策支持和引导。一是要继续发挥财政作用，积极设立各种科技企业专项扶持基金，实施引导，建立多元投入机制，利用杠杆效应撬动市场上的投资者或者投资机构向科技型企业提供资金，提高科技金融主体风险分担的积极性，

从而共同承担科技金融风险。例如，对于处于初创期的科技型企业，政府的支持和对科技金融风险的分担可以通过参股创业投资基金方式迂回进行。政府选择优秀的创业投资基金进行参股，创业投资基金选择优秀的科技企业或项目进行投资。政府资金介入创业投资基金，能够优先分担科技金融风险，充分发挥政府政策引导作用，吸引社会资金加入，共担投资风险。另外，吉林省政府还应出台一些法律法规，不断完善科技金融风险控制法律体系，激励和引导科技金融主体控制和分担科技金融风险。二是构建多层次的信用担保体系。担保体系的建立对于商业银行等金融结构来说，有利于分散科技金融风险，增强资金的安全性；对科技型企业来说，与无担保相比，更易于获得融资，取得商业银行等金融机构的资金支持。在科技型企业的融资链条中，无论是和融资直接相关的银行、创投企业等金融机构，还是与融资间接相关的以高新技术创业服务中心为主的孵化器、科技园、创业园等相关机构，都需要一个系统化的信用担保体系。多层次的信用担保体系是对科技金融风险的一种多元分担，对完善科技金融风险控制机制至关重要。构建多层次的信用担保体系不仅需要政府动用财政资金设立政策性科技担保机构，还需要利用部分专项扶持基金对一些商业性担保机构进行担保风险补贴，从而引导和鼓励商业性担保机构积极加入到信用担保体系中，扩大科技型企业担保空间和科技金融风险分担主体范围。同时，政府还要不断完善和发展再担保体系，充分发挥再担保机构行业“稳定器”的作用，分散担保机构的科技金融风险，提高担保机构为科技型企业融资提供担保的积极性，实现多元科技金融风险分担。三是积极采取措施对向科技型企业提供资金支持的金融机构实施奖励、风险补偿、担保及担保补助等支持政策，引导银行、企业和其他各类金融机构共同分担科技金融风险。

## 二、强化科技型企业自身建设，从根源上控制科技金融风险

科技金融风险是各类金融机构向科技型企业提供融资等金融服务时产生的，因此科技金融风险的根源在于科技型企业。吉林省控制科技金融风险必须从源头抓起，必须加强科技型企业自身建设，降低科技型企业各种不确定性风险发生的概率。一是规范科技型企业治理结构。合理的公司治理结构不仅有利于提高企业经营决策的正确性、降低经营风险、减少管理混乱现象，

还有利于提升企业对外形象、加强财务信息披露的可信度、增强投资者信心。因此，吉林省科技型企业尤其是中小企业必须建立合理、规范的公司治理结构，权责清晰明确，确保企业可持续发展。二是提高科技型中小企业经营管理水平。科技型企业经营管理水平的高低直接影响着企业各方面的综合素质，比如发展潜力和获利能力。科技型企业内部风险可以大体上分为经营风险和财务风险两大类。降低经营风险的最有效途径就是提高企业管理水平。较高的管理水平有利于提高企业资产经营管理效率，有利于企业内部各方面资源整合，有利于形成企业管理方面的核心竞争力，增强融资能力。提高吉林省科技型企业经营管理水平，首先是要提高员工整体素质，竞争上岗，权责明晰，人尽其才；其次是要发挥企业自身优势，加快技术创新和产品创新，挖掘市场潜力和发展空间，增强企业获利能力；再次是要加强企业转型，摒弃粗放型经营模式，建立集约型经营模式，使产品走精、细、专的路线；最后是要提高企业资金使用效率，加强财务控制。三是加强科技型企业信用建设。科技型中小企业融资难的原因之一就是信用程度不高、违约率高，致使行业诚信缺失。诚信是一个企业立足之本，是一项重要的商誉。科技型企业必须加强诚信建设和强化信用观念，树立诚实守信的良好形象。在财务管理方面要按照国家相关财经法规规定，使用正确的财务会计核算方法，及时、准确、完整地披露财务信息；在生产管理方面，加强产品质量建设，增强社会责任感；在融资方面，按照合同规定使用资金，按时还本付息，保护债权人合法利益不受损害等。通过实施一系列信用改进措施改善整个行业的信用度，为科技型企业融资树立良好的外部形象。四是建立良好的信息披露机制。良好的信息披露机制不仅有利于银行等金融机构了解企业的发展趋势、获利能力、偿债能力等指标，消除信息不对称，还有利于金融机构了解企业的借款需求，更好地帮助企业策划借款安排，从而使科技型企业以较低成本较为便利地获得融资，建立稳定的合作关系，实现金融机构和科技型企业双赢。

## 三、健全科技银行风险控制机制，加强科技银行风险管理

科技银行是专门为科技型企业提供融资服务的专业性和职能型的银行机构。鉴于服务对象的特殊性，科技银行在坚持“三性”经营原则的基础上，

更注重科技金融风险管理。为此，吉林省科技银行必须从以下几方面着手进行：一是完善科技银行信贷机制。面对科技型企业融资需求时，科技银行不能完全照搬传统银行信贷业务流程和风控标准，要结合科技型企业自身特点加以改进。对于科技型企业，科技银行更应该注意其创新能力和成长性，应该在信贷审批报告方面加强这方面的考核比重，并作为重点调查对象。科技型企业尤其是中小企业，一般抵押品较少，在降低相关抵押品方面，要求满足科技型企业融资需求的同时，更要控制科技金融风险。可以考虑将完善的科学技术创新作为质押品，但要做好风险评估工作。科技银行可以通过相关专业机构对于科学技术创新的可行性和未来发展前景作出预测，出具评估报告，并设定较低的质押率，依据评估报告结果予以质押。二是严格监控科技信贷资金投向和使用情况。在资金投放前，必须充分利用网络信息共享平台或借助本地法人银行的地缘优势，广泛收集拟投资企业的有关信息资料，包括企业的财务状况、发展前景、技术研发信息等，尽可能地减少银企信息不对称带来的风险。在资金投放后，更要做好贷后监督工作，及时监控资金使用情况。科技银行可以派遣信审人员进驻企业进行定期检查和不定期抽查，及时了解企业发展动向，保证资金使用的安全性和合理性。信贷资金必须用来支持企业的技术研发、科技成果转化等方面，不能挪作他用，而且要随时关注企业技术研发进展，争取对科技金融风险提前预判，以便及时采取补救措施。三是引进和培养复合型人才，完善科技金融人才结构。科技银行服务对象的特殊性决定了科技银行所需的人才有别于普通商业银行，科技银行需要的是既懂金融又有相关科技知识背景的复合型人才。目前，吉林省科技银行恰恰缺少这样的人才，主要原因是科技银行成立时，受条件所限，科技信贷团队都是从原有员工中抽调比较优秀的人员组建。这些人员虽然银行业务娴熟，但都是单一型人才，他们既没有相关科技的知识背景，又缺乏对风险创业投资的了解，对科技型企业发展各个阶段的经营模式及风险特征等方面没有全面的认识。科技知识的缺失限制了科技银行工作人员在识别与挖掘科技项目、判断技术前景等方面的能力，使其对科技金融风险的管控能力较弱。因此，吉林省科技银行必须采取行之有效的措施引进和培养复合型人才，完善人才结构，提高科技银行贷款审查的专业性，从源头上降低科技金融风险。

## 四、加快发展风险投资，充分发挥其科技金融风险分担优势

风险投资是科技型企业发展过程中的主要融资渠道，尤其是处于成长期和成熟期的企业，其是科技型企业发展的助推器。发展风险投资可以有效促进科技型企业技术进步和科技成果转化。科技型企业的发展离不开风险投资的支持，科技金融风险的分担也自然少不了风险投资的参与。与经济发达地区相比，受经济发展、人才技术、体制等方面的制约，吉林省的风险投资发展不仅起步晚，而且发展速度极其缓慢，与先进地区差距很大。因此，吉林省必须采取多种措施，搭建风险投资成长平台，加快风险投资发展，充分发挥风险投资的科技金融风险分担作用。一是拓宽风险投资资金来源，制订优惠政策吸引各方资金加入，形成多元化的资金来源，既包括政府、企业、外资，也包括投资银行、保险资金以及各类基金等，在不同投资者之间分散科技金融风险，降低单个主体的投资风险。吉林省一方面可以继续以政府资金为引导，面向社会多渠道募集资金；另一方面可以制订税收优惠等政策措施，促进风险投资企业自身发展，做强做大风险投资企业，提高社会资本入股风险投资企业的积极性。二是设立多样化的风险投资基金，包括政府引导风险投资基金、股份制风险投资基金、合资风险投资基金、科技创新风险投资基金等不同形式，满足科技型企业不同生命周期的资金需求，尽可能地将不确定性较大的科技金融风险在不同投资者之间进行分担。三是培育良好的外部环境，构建风险投资配套服务平台，为风险投资提供顺畅地退出渠道。完善的风险投资配套服务平台和畅通的退出机制是风险投资发展的必要条件。为此，吉林省必须积极培育适宜风险投资发展的外部环境，建立风险投资服务平台，线上线下向创业企业和风投基金提供信息、咨询等配套服务。同时，还要建立健全多层次资本市场体系，满足风险投资退出需要。吉林省不仅要积极推动企业股改培育进程，充分利用主板、中小企业板和创业板市场，实现科技型企业成功上市，为风险投资提供退出渠道，还要依托吉林省股权交易所，积极鼓励获得风险投资的企业进入吉林省股权交易所挂牌转让，为未上市或者无法上市的企业提供风险投资退出渠道。

## 五、发展科技保险，发挥保险公司的科技金融风险保障功能

科技保险是一种规避科技创新风险的新型金融工具，是科技创新的助推器。它可以帮助科技型企业有效规避科技研发、科技成果转化和科技产品推广过程中的不确定性引发的科技金融风险，解除科技型企业科技创新的后顾之忧，避免企业因研发失败而陷入困境甚至破产，是科技产业及社会的稳定器。因此，完善吉林省科技金融风险控制机制，必须大力发展科技保险，创新科技保险产品，扩大科技保险的风险保障范围，充分发挥科技保险的风险转移和分散功能。吉林省可以从政策性科技保险和商业性科技保险两方面同时着手进行，推动科技保险市场的培育发展。一是政府主导，探索建立专业性科技保险公司。专业性科技保险公司的建立不同于普通保险公司，其主营业务必须是科技保险，无论是保险产品的设计研发、保险服务内容，还是市场拓展推广、风险管控等，都要围绕科技型企业而展开，而且为了保障科技保险公司的专业性，其股东、董事会、监事会等公司治理结构也需引进具有科技产业背景的人员。二是加强科技保险产品研发和创新，完善科技保险产品体系。组建团队，深入调查科技型企业的保险产品需求，结合科技发展状态与行业实际，加强产品研发和创新，设计科学、合理、可操作性强的科技保险险种。三是总结延边州试点经验，扩大专利保险试点范围，尽早在全省范围内推广专利保险，分担科技型中小企业的维权风险，提高其科技创新的积极性。四是建设吉林省科技保险信息交流平台。目前，吉林省科技保险的相关知识与信息极其碎片化，急需建设一个综合的科技保险信息平台——吉林省科技保险网站，整合各种科技保险信息资源，发布相关信息，搭建科技保险与科技型企业沟通的桥梁。五是建立科技保险产品创新研发基金。由吉林省财政部分出资，引导保险公司和社会资本加入，满足科技保险产品研发的资金需求，提高科技保险产品研发积极性，增加科技保险产品品种，扩大科技保险风险保障范围。

## 六、广泛开展合作，搭建多方共享的科技金融风险控制平台

在科技金融风险控制与分担的众多参与主体中，银行、风投机构、担保机构、保险机构等金融机构是最重要的参与主体。吉林省若想完善科技金融

风险控制机制，除了加强企业和金融机构自身控制风险的能力外，还要建立金融机构相互之间立体的科技金融风险控制和分担机制，提高金融机构合作控制和分担科技金融风险的积极性，多方合作共同控制和分担科技金融风险。一是要鼓励科技银行与其他金融机构（如私募股权基金、信托机构等）和科技部门合作，搭建多方共享的风控及授信平台，实现信息共享、风险共担。通过合作，不仅可以为科技企业提供一站式金融服务，而且可以加强科技金融风险的识别和管理。私募股权基金等风险投资机构可以凭借丰富的投资管理经验和专业的评估优势，帮助科技银行筛选潜在的优质客户，也可以向科技银行提供基金托管、咨询管理等业务。科技银行可以通过与信托机构合作，协同进行信托贷款产品开发，创新科技银行金融产品，扩大科技型企业融资渠道。科技银行也可以与相关科技部门合作，由业内专家组成审贷委员会，在贷款评审系统中引入技术创新要素，对贷款企业进行技术把关，从而加强科技金融风险识别和控制。二是建立科技银行与担保机构的风险共担机制。科技型企业的高风险性决定了银行为科技型企业融资的积极性不高。在银行与担保机构之间建立一种风险共担机制，共同分担科技不良贷款风险，可以有效解决科技型企业融资难问题。通常来讲，各家商业银行在经营过程中，都建立了一套严格的信贷风险控制流程和标准，但作为自主经营、自负盈亏的金融企业，商业银行在控制信贷风险的同时，更要兼顾资金的收益性。为了避免商业银行承担所有的信贷风险，商业银行和担保机构之间可以根据科技贷款的类型、规模和期限建立不同的风险分担标准，商业银行在允许的授信权限下尽可能地承担风险，其余的风险由担保机构分担。这种风险分担机制的建立，一定程度上能够降低科技信贷中逆向选择和道德风险发生的概率。而且，担保机构在科技信贷中发挥担保作用，分担科技信贷风险，还能够放大信用，使商业银行获得更多的信贷收益。

## 七、加强生态环境建设，创建良好的科技金融风险控制环境

良好的生态环境不仅是科技金融健康发展的基础，也是控制科技金融风险的必要条件。吉林省要学习借鉴发达国家和地区的先进经验，把创建更加良好的生态环境作为推进科技金融发展、控制科技金融风险的一项基础性工作，积极推进适合科技金融可持续性发展的生态环境建设。一是建立专门的

科技型企业征信体系。征信体系的建立需要在大量的统计数据的基础上，整合各方面的信用资源系统。科技型企业征信系统要体现科技型企业自身的特点，要有别于一般企业的征信系统，尽可能多地展现企业科技创新方面的相关信息，并保持数据的完整性和公正性，以便系统使用者获得更为准确的评价结果。二是要建立完善的信用评级制度。信用评级不仅直接关系到科技型企业是否能够取得融资，而且关系到企业融资成本问题。正确的融资决策和合适的融资成本是降低科技金融风险的重要因素。因此，吉林省要以市场为导向，结合科技型企业自身特点，综合考虑各方面因素，由专业公司建立完善的科技型企业信用评级制度。这样不仅有利于成长中的科技型企业及时取得资金支持，促进企业健康成长，还有利于控制科技金融风险。三是完善科技金融法律法规体系。立法是发展科技金融、控制科技金融风险的制度基础。健全的法律法规体系能够明确政府、科技型企业、银行等金融机构职责，规范研发投入，为科技型企业提供长期激励。目前，吉林省关于科技金融的相关法律法规体系还很不完善，还有相当一部分法律法规处于空白状态，这对于科技金融发展和科技金融风险控制极其不利。为此，吉林省应借鉴美国、以色列与印度等国家的先进经验，不仅要加快推出促进科技型企业发展的基础法律，还要完善科技研发激励的相关法案以及推出促进科技型企业融资的专门法案，如为众筹等新型融资模式推出对应法案法规，规范行业发展，从而使吉林省的科技金融发展有法可依、有章可循。

# 第六章　吉林省科技金融创新

## 第一节　科技金融创新的背景和意义

2016 年 1 月 15 日，国务院印发的《推进普惠金融发展规划（2016—2020 年）》中明确指出要“提升金融机构科技运用水平”“鼓励金融机构运用大数据、云计算等新兴信息技术，打造互联网金融服务平台，为客户提供信息、资金、产品等全方位金融服务”。

智慧化技术的发展是一场方兴未艾的科技革命，金融业以其在信息经济学中占据的主导地位，在这场革命中彰显出强大的创造性巨变势能，依托智慧化技术提供的不断提升的运算分析能力和专注的网络化合作，对传统金融进行解构与重构，为供需双方营造和谐互动的平台和空间，将创新性思维嵌入金融服务设计，使金融服务更加智慧化、人性化和透明可视化。

智慧银行是传统银行和网络银行发展的高级阶段，是银行企业以智慧化手段和创新思维模式来审视自身和客户需求，塑造新产品、新服务、新运营模式、新业务模式，达到加强客户管理、降低运营成本、提高营销绩效、提升客户体验的目的。

近年来，智慧银行如雨后春笋在全国各地蓬勃发展。2015 年 6 月 26 日，位于长春市生态大街的吉林九台农商银行旗舰店（净月支行）正式投入使用。智能预处理系统使客户可以在家里、单位或路上通过微信银行进行预填单和预约排队，提高了交易速度和服务效率；人脸识别、微信客户导游系统，实时发现与追踪客户的行为及偏好，便于银行人员及时跟进和快速响应；智能机器人、移动金融体验机、体感互动追踪屏等智能设备，提升客户体验；智能半自助柜台、远程视频银行 VTM 等，使业务处理模式扩展出“线上虚拟、远程视频”等形式；体感互动橱窗、金融超市、智能互动营销桌、贵金属展示柜、虚拟迎宾等高端先进智能设备，通过互动交流方式，传递银行理念形象，推送银行产品信息，创造营销机会；远程专家理财系统使客户可以直接对话国内外一流的金融、理财专家，零距离地学习咨询，探讨研究理财业务知识、分析方法和投资技巧；智能营销互动桌，使量身定制的理财方案直接推送到客户的手机、客户经理的 iPad（苹果平板电脑）上，为客户提供线上线下交互协同化、金融与生活跨界融合化的全渠道、全覆盖综合服务。

九台农商银行科技银行旗舰店的建成和投入使用是近年来全国各大金融机构智慧网点建设的缩影。早在 2013 年年底，光大银行就在武汉推出了“智能银行”中心。2014 年 10 月，中国银行天津分行宣布，与 IBM（国际商业机器公司）合作的“智能化”网点对外提供服务。中国农业银行也推出了类似的“超级柜台”网点转型升级方案。2014 年 12 月 26 日，北京银行宣布启动该行首家“智能银行”。中国建设银行在北京、上海等地的 11 家智慧银行于 2015 年 1 月 28 日统一开业；中国银行北京地区首家智慧银行旗舰店西单支行于 2015 年 1 月正式营业。2015 年 2 月，平安银行广州地区智能旗舰店隆重开业。据统计，目前包括中国工商银行、中国建设银行、中国银行、中国农业银行、光大银行、广发银行、平安银行、浦发银行、交通银行、北京银行、华夏银行、兴业银行等在内的多家银行已经或正在建设智能网点，智能网点的建设进入“白热化”状态。

智慧银行将物联网、云计算、大数据等最新智慧化技术应用于银行网点的金融科技创新，涉及内部布局、业务流程、服务方式、IT（信息技术）管理系统等诸多方面，带给客户智能化、全方位、高效率的耳目一新的服务体验。

## 第二节　科技金融创新可行性

### 一、科技金融创新技术可行性

现代服务业以信息网络技术为主要支撑，建立在新的商业模式、服务方式和管理方法上，具有泛在化、虚拟化、移动化和连通化等特征。金融业作为现代服务业的重要组成部分，在智慧化发展浪潮中，其根本的推动性技术包括以下几个方面。

1. 物联网技术（Internet of Things）

物联网技术是当今炙手可热的技术，伴随着移动互联网的飞速发展，智能手机的迅速普及正带领我们进入物联网世界，除此以外，各类家电、可穿戴设备、视频监控设备等嵌入传感器和微型芯片的智能设备大规模接入互联网，万物实现互联互通，由此带来人类生产生活方式和经济结构的重大变革。

物联网即物物相连的网络，是通过射频识别（RFID）、红外感应器、全球定位系统、激光扫描器等信息传感设备，按约定的协议，将任何物品与互联网相连接，进行信息交换和通信，以实现智能化识别、定位、追踪、监控和管理的网络。它区别于传统互联网中用户主动访问网站，发生信息交互，从而使网站获取用户行为信息的方式。物联网对用户的信息收集，可能发生在用户尚未意识到的情况下，使物体脱离了用户的主动行为，自动获得了感知与被感知的能力，从而使物理世界与网络虚拟世界发生了互联互通。

物联网的三层逻辑架构包括感知层、网络层和应用层。感知层负责信息采集，利用RFID（无线射频识别技术）标签、各类传感器和智能终端等采集数据；网络层负责信息传输，伴随着互联网、移动通信和云计算等技术的应用和普及，网络信息传输也变得越来越迅捷；应用层方面，覆盖了智能交通、智慧银行、智能家居、智慧城市、物流监控、远程医疗、可穿戴设备等众多垂直应用领域。

物联网技术在改变人类生产生活方式的同时，也催生了与之相适应的金融模式，第三方支付、P2P（资金融出方和融入方直接交易的借贷方式）网贷、理财产品、股权众筹等，智能手机等终端设备的发展，降低了金融服务的门槛，降低了运营成本，提高了经营效率。与此同时，物联网产业的蓬勃发展也为金融服务提供了新的增长点。

2. 云计算技术（Cloud Computing）

云计算技术也是国内外理论界和实务界耳熟能详的热词，伴随着互联网和移动互联技术的迅猛发展，“三网融合”和自媒体时代到来，用户能够在任何时间、任何地点进行多媒体访问和互动体验，这些非传统结构化数据对IT处理方式提出了新的要求。同时，随着IT产品升级为IT服务，越来越多的企业享受着业务外包服务，利用云计算构建的绿色数据平台，进一步降低了IT

运营成本，提高了资源利用率。

云计算是指相关在线服务的增加、使用和交付模式，通常通过互联网来提供动态的、易扩展的、虚拟化的资源，使用户能够按需从互联网上获取计算力、存储空间和信息服务，具有超大规模、虚拟化、高可靠性、通用性、高可伸缩性和按需服务等特点，因其运算量巨大、边界模糊和可伸缩扩展等属性与"云"类似而得名。云计算的服务形式包括三种，分别是基础设施即服务（IaaS）、平台即服务（PaaS）和软件即服务（SaaS）。

金融企业可以利用私有云，通过虚拟化的方式，为下属企业提供 IT 服务。在保证信息安全以及隐私的基础上，金融机构也可以借助云平台使高成本、同质化、非核心的外围系统或基础服务，实现业务外包，将自己更多的资源集中于核心金融系统开发和业务创新之中。调研表明，有 15.5% 的金融企业已经尝试基于云计算平台的技术开发、业务处理以及战略部署，40% 左右的金融企业也计划在近期"上云"。

### 3. 大数据技术（Big Data）

大数据，顾名思义是指体量特别大、数据类别特别多的数据集，并且在可承受的时间范围内，无法利用传统的数据分析处理技术对其全部内容进行抓取、管理和处理。大数据具有"5V"特点：体量大（Volume）、处理速度快（Velocity）、数据类别大（Variety）、数据真实性高（Veracity）和数据有价值（Value）。

严格来说，大数据并不是一个新名词，早在 20 世纪 90 年代，在数据库、数据仓库、数据集市等数据处理技术蓬勃发展之时，大数据就是其致力解决的目标。近年来伴随着移动设备、RFID、无线传感器的广泛应用，无所不在、无时无刻不在产生的大量数据对数据处理技术的实时性、实效性、决策力与洞察力提出了更高要求。从技术上看，大数据技术与云计算技术就像一枚硬币的正反两面一样相傍相依、密不可分。大数据技术的特色在于基于云计算平台的分布式数据处理、分布式云存储和虚拟化技术，对数据进行分布式数据挖掘。

金融行业是大数据的重要产生者、资深应用者和价值潜力股。各种交易报告、业绩报告、消费研究报告、官方统计数据、报价等无一不是大数据的来源；金融创新、发展模式转型和管理升级都需要大数据提供决策支持；银行、证券、保险、小贷、征信、P2P、众筹等传统和新兴金融领域，正在兴起一场基于大数据的创新和革命，也造就了一大批大数据服务提供商。大数据技术的发展助推金融行业进行转型和创新。

## 二、科技金融创新的壁垒和误区

移动通信和数字化趋势不仅为人们生活提供了便捷，也更新着人们的思维方式。在传统金融机构面临互联网金融挑战之际，金融网点的智慧化改造成为一种趋势，各大银行争先恐后，纷纷效仿，其中难免会遇到一些壁垒和误区。

**1. 金融网点智慧化不等同于智能设备改造，需要内外兼修**

很多国内金融网点在智慧化改造和升级过程中不惜斥巨资打造智慧化装备，其先进程度甚至已经达到了世界级水平，但在业务处理和客户服务流程的提升上却远远没有同步，忽视了客户的实际需求，智能化设备使用户望而却步，使用率不高，造成资源浪费。相对于国外金融机构智能网点成熟的客户群和管理经验而言，国内金融网点智慧化还只处于起步阶段。认为金融网点硬件完成一部分智能化改造，使用了某些智能设备，或者将业务迁移到网络渠道就是实现了金融服务智能化是片面的。金融网点智慧化的核心是客户。如何将在智慧化技术设备上的投入提升为客户服务模式和业务处理流程的改进，改善客户体验，实现渠道融合，拆除客户传统习惯和智慧化设备应用之间的藩篱才是真正实现了金融服务智慧化。

**2. 金融网点智慧化不能盲目跟风，需要量力而行**

一些金融网点缺乏对智慧化投资的合理规划，大量引入了不必要的智慧化设备，结果造成为了智慧化而智慧化，背离了智慧化的初衷。一方面，智慧化投资一定要分析自身业务定位和客户群结构和业务，避免盲目跟风。例如，如果为了改善高端客户体验，加装了大量智慧化设备，但忽略了高端客户很少“泡网点”的事实，他们来网点更多地是为了与客户经理之间进行面对面的直接沟通，大量智慧化设备的引入，反倒牺牲了客户时间，忽略了客户需求。另一方面，金融网点的智慧化改造也要与内部体系的流程整合结合在一起，尤其对于中小金融网点，把智能化改造的着力点放在内部流程整合和提高效率上，比盲目地进行智慧化设备改造更为重要。

**3. 金融网点智慧化不能仅凭单点突破，需要渠道整合**

目前，很多金融机构的智慧化只满足于个别网点单点取胜，没有进行统筹和整合。相比较而言，国外金融机构在智能化方面更注重分析客户群，在全行普及服务，而不是单点尝试。单个网点服务半径小，无法满足不同客户的多重需求。在银行3.0时代，客户获取金融产品服务信息的渠道和来源十分广泛，不再限于金融网点内部，因而金融网点必须能够满足客户超出基础服务以外的更复杂需求，实现业务流程的整合、金融网点内部外部的整合、人与智慧化设备的整合、客户与银行的整合等。只有充分发挥多网点综合化的服务能力，才能提高金融服务附加值，扬长避短，在竞争中保持优势。

## 第三节　金融服务智慧化发展趋势

### 一、泛金融服务化和跨界银行

金融服务智慧化的根本是更新服务理念和改进业务流程，促进金融网点从单纯的“交易处理型”转变为综合的“营销服务型”，发挥其能够提供一站式服务的特点，以满足客户综合的金融需求为目标，扬网点综合化服务能力之“长”，避网点成本高、服务半径小之“短”。未来金融服务必将突破传统服务的边界，从跨界和交叉领域挖掘更多的利润增长点，在智慧化基础上加载更多“泛金融”的服务功能，使银行服务无所不在、无所不包，可以说，银行的跨界经营时代已经来临。金融服务网点基于移动媒介、数据经验和专业服务支持，挖掘不同工作领域、环境和喜好的客户群所拥有的共性消费特征，对其进行渗透、融合与延展，通过产品、渠道、支付等服务手段的合作和经营，搭建产品、交易和支付的平台，构建广泛合作的伙伴关系，以赢取目标消费者好感为目标，从而实现市场和利润的最大化。

例如，可以将金融产品或交易融入客户日常生活，将购房和房贷销售结合，将旅游和汽车4S店销售结合。目前，一些银行已经开始推出类似的金融服务，例如，建设银行的“E商贸通”是以大宗商品、物流、电子商务、零售批发等平台型客户为服务对象，为商户、会员提供资金结算、账户管理、托管、信贷资金监管等服务。中信银行与百度公司合作推出中信百度贴吧认同信用卡，在百度贴吧推出“3D金融服务大厅”，百度为中信银行提供互联网平台管理、信息发布、开发运营、营销推广、后台数据监管等功能支持。

## 二、智能多渠道型银行

金融机构的多渠道经营策略主要是指将人工网点、自助 ATM（自动取款机）、网上银行、手机银行、电话银行、社交网络等不同经营渠道进行整合与无缝衔接，借助智慧化的客户关系和业务管理系统，实现跨渠道的客户和业务信息的无缝衔接，实现即时的共享与传送。多渠道经营策略的优势在于客户的业务触发点可能是任何一个渠道，客户业务申请一经提出，可以根据需求，选择最便捷的渠道完成后续流程。多渠道经营策略打破传统银行服务的时空限制，客户可随时随地发出业务请求，通过不同渠道的整合，金融机构可以第一时间及时响应，启动业务流程。

同时，银行也可以获取客户完整统一的视图，便于挖掘客户的历史交易和习惯渠道，根据其喜好为不同客户定制个性化的营销方案，提高营销成功率，也提升客户体验。多渠道经营策略促进传统金融网点更新业务功能和经营模式，从满足客户综合需求的一站式服务中心，升级为多渠道业务体系的有机组成部分。随着传统金融网点的日常业务被网银、手机银行等电子渠道分流，网点可以将服务类型更多集中在与客户进行资产管理、顾问咨询等面对面的沟通业务上，满足客户个性化、复杂的金融需求；相应的，物理网点的规模可逐步缩小，网点布局和功能搭配因地制宜、形式多样。

例如，可以在高科技普及区域和客户聚集区保留全功能旗舰网点；在大存款规模的工商业区设置微型店内网点，增设自助 ATM；在小企业聚集区，配备更多客户经理和贷款专员，设置更多的大额交易自助服务亭等。

## 三、社交参与型银行

社交金融是通过互联网在社交信任的基础上构建的金融新模式，兼具人际交往与资金融通的双重功能。一方面，朋友圈的成员通过社交活动和信任关系互通信息，实现极快速、高额度、低成本的金融交易；另一方面，信息交流和资金往来也筛选和强化了朋友圈成员间的人脉关系，使朋友圈品质得到稳固和提升。两方面互相促进，形成稳定和健康的良性循环。时下流行的微信红包就是社交金融的一种表现形式。随着移动互联网技术的发展和智能手机的普及，传统银行零售业受到冲击，柜台业务减少，单一的线下传统金融厅堂服务模式无法满足客户需求，得客户者得天下，社交参与型银行越来越成为各金融机构抢占的桥头堡。中信银行着力打造全方位的金融和非金融服务的零售生态圈体系，以手机移动端作为主要载体，连接日常生活、社交、健康养老等生活场景，发挥银行金融结算的优势，引导客户建立资金账户并提供服务，满足用户消费、理财、社交、尊重、自我实现五个层次需求。中国工商银行的“融 e 联平台”发挥专业化客户经理与移动通信客户端的“人—端”结合优势，实现客户经理与客户的点对点办理转账汇款、投资理财等银行业务。中国建设银行的“建行微银行”可以提供在线预约、手机定位营业网点、客户经理实时沟通、阅览金融信息、在线购买热销贵金属产品等多种服务形式。